UWE
STEIMLE

Warum der Esel Martin heißt

NEUES VON
MARTIN LUTHER

UNTER MITARBEIT
VON MICHAEL SEIDEL

GÜTERSLOHER VERLAGSHAUS
DIE VISION EINER NEUEN WELT

Bibliografische Information der Deutschen Nationalbibliothek
Die Deutsche Nationalbibliothek verzeichnet diese Publikation in der Deutschen Nationalbibliografie; detaillierte bibliografische Daten sind im Internet über https://portal.dnb.de abrufbar.

klimaneutral
powered by ClimatePartner°
Druck | ID 12559-1708-1001

MIX
Papier aus verantwortungsvollen Quellen
FSC® C014889
FSC
www.fsc.org

Verlagsgruppe Random House FSC® N001967

2. Auflage, 2017

Umschlagmotive: Vorderseite (Wartburg): © mbpicture/Fotolia.com; Rückseite: Michael Seidel.
Bilder Innenteil: S. 46: Pfeifer, Uwe, Tagtraum © VG Bild-Kunst, Bonn 2016; S. 72: Pfeifer, Uwe, Tischgespräch mit Luther © VG Bild-Kunst, Bonn 2016; alle anderen Fotos Michael Seidel.
Druck und Bindung: Friedrich Pustet GmbH & Co. KG, Regensburg
Printed in Germany
ISBN 978-3-579-08649-1

www.gtvh.de

Meine Kirche ist der Mensch.
Meine Religion ist der Zweifel.

Uwe Steimle
Psalm 97, Demut

Inhalt

Ein Buch über Luther?

Was ist Ihnen noch nicht bekannt über Deutschlands Glaubensumwälzer Nr. 1? Wer kennt sie nicht, die 95 Thesen zu Wittenberg an die Schlosskirche geschlagen? Na also. Der Nagel soll noch existieren! Also ich frage genauer: Wer kennt die 95 Thesen? Und was steht drin? Nennen Sie eine These. Nur eine, bitte!

------------------ Ich auch.

Aber Luther, den kennt man natürlich, den Mann, der einstmals hungrig auszog, dem Glauben, dem falschen, das Fürchten zu lehren. Mit Luther, so mein Gefühl, ist es wie mit der Demokratie. Je mehr darüber gelabert wird, umso hohler wird die ganze Angelegenheit. 500 Jahre Luther und kein Ende. Reformation, Bestandsaufnahme, glauben wir, und wenn ja, wie viele und was kostet uns das? »Das Einzige, woran ich glaube, ist, dass ein Pfund Rindfleisch eine gute Brühe gibt«, sagte schon meine Oma aus Übigau, und die war volksfromm, also durch Luthers Schule gestolpert. 1973 brachte sie mir den Glauben bei, abrechenbar, konkret und vor allem sattmachend. Wenn das kein Beweis ist für gelebten Glauben. Heut wird ja oft behauptet, der Glaube ginge verloren. Sachsen, überhaupt der Osten wäre eine einzige gottlose Wüstenei, geschehen durch die 40-jährige SED-Diktatur, die eigentlich noch schlimmer war als die Hitler-Nazizeit …

Ach Gottchen. Da wird wieder Geschichte auf den neuesten Stand der Lüge gebracht. Nie war Gott näher, unmittelbarer und direkter präsent als heute und gestern in Deutsch Nahost. Freundlichkeit gegenüber Jedermann, unverstelltes Auftreten, Respektlosigkeit gegenüber der Obrigkeit, sowie Dialekt und ein mit Witz und Charme gelebter Heimatstolz als Anker. Das erlebe ich als lebendigen Beweis für die Präsenz Gottes auf Erden in Sachsen.

Beweise – keine Thesen.

Die sieben Lebensfreuden, gerade aufgezählt, nicht Todsünden. So versteh ich meinen Luther. Weltgewandt, unangepasst und unbedingt Jasagend zum Leben, gilt doch auch heute noch das Pflanzen eines Apfelbäumchens als ultimativer Hoffnungsgruß für Gott, Mutter Erde eingeschlossen. Erinnern wir uns, wie alles begann …

Im zarten Alter von sieben Jahren ermahnte Luthers Mutter den Martin, der am Küchentisch biblische Kreuzworträtsel zu lösen versuchte: »Martin, nu hör off mit dösen«: Dösen, dies sollte später auch sein Zauberwort werden, denn in dem festzuhalten bleibt: Ohne Dösen keine Thesen. (In sächsischer Schreibschrift so: Ohne Dösen keine Desen, gesprochen sächsisch ebenso.) Dass beide Worte so schön dicht neben einander liegen, fast einträchtig, hat Ursachen, wie der Sachse zu sagen pflegt, Verzeihung, versteht. Ohne die wissenschaftlich technische Revolution in Form des Buchdruckes hätte sich der neue alte Glaube doch gar nicht so rasant verbreiten können. Ohne Technik kein Glauben, ohne Fortschritt kein Selbstbewusstsein. Und nichts Anderes meint Martin, der eben doch kein Falschmüntzer war. Sein fast ohnmächtiges Bekenntnis: »Hier stehe ich, ich kann nicht anders«, macht mich auch heute noch demütig staunend. Im Angesicht eines nahenden Todes, aufs Rad geflochten wurde damals schnell. Knochenknacken galt als Teufelsaustreibung, ja es stand nicht nur beim Bauernhaufen auf der Agenda. 1525 musste selbst Thomas Müntzer daran glauben. Was ich damit zum Ausdruck bringen will? Unerschütterlicher Glaube an die Versöhnbarkeit der Welt, das lehrt mich Luther heute. Sein Leben in die Waagschale werfen, ehrlichen Herzens mit heiligem Zorn und dennoch Zweifler bleiben, dies ist mir sehr nah. Deshalb reisen »Wir« vom MDR durch unser Heimatland. Wir hoffen Menschen im Alltag zu begegnen, die Luthers Botschaft leben. »Kee Getue, kee Gemache.« Dies würde hoffentlich auch Martin unterschreiben. Der Herr zeigt sich dort, wo wir ihn am wenigsten vermuten, das glaube ich fest. Übrigens lautet meine »Dese«: Im Rückzug, im Besinnen, dem Kontemplativen, da ist er zu Haus. Und wer es nicht fühlt, wie soll dem geholfen werden? Glauben heißt nicht wissen … So lehrte einst der marxistische Murks in der Schule, der Polytechnischen. Heute, als reifer Apfel am Lutherischen Bäumchen, möchte ich zweifelnd ausrufen und zwar still: Ja, glauben heißt nicht wissen, »Gott sei Dank«! Und neben mir liegt Kater Karli und schnurrt gerade zu und aus. Stimmt.

Nun aber erst einmal meine »Desen«:

- *Warum ist die Bekämpfung des Klimawandels immer noch nicht oberstes Staatsziel?*
- *Warum predigen Konzerne, Banken und ihre Helfershelfer, die Politiker, Wachstum?*
- *Warum darf man Wahlversprechen nicht glauben?*
- *Warum ist Staatsverschuldung gesellschaftsfähig?*
- *Warum richtet sich Demokratie nach dem Markt?*
- *Warum kommen »Die von unten« so schlecht nach »Oben«?*
- *Warum soll auswendig lernen Bildung sein?*
- *Warum bezahlen die Rüstungsbetriebe nicht die Kosten für die Flüchtlingsströme?*
- *Warum darf Frau Merkel Atomraketen auf deutschem Boden auch weiterhin stationieren lassen?*
- *Warum braucht es Politiker?*
- *Warum ist uns die Zukunft unserer Kinder weniger wert als unsere Gegenwart?*
- *Warum wagen Politiker, mit unserer Mutter Erde verhandeln zu wollen?*
- *Warum heißt unser neuer Gott Geld?*
- *Warum produzieren »Wir« nicht genau so viel wie wir?*
- *Warum ändern wir nicht die Verhältnisse?*
- *Warum fangen wir nicht einfach an, mit der Reformation?*

- *Warum erinnert mich diese Demokratie mehr an eine Diktatur?*
- *Warum empfand ich die Diktatur der Arbeiterklasse als weitaus weniger schlimm als die Demokratie der BRD-Gesellschaft?*
- *Warum konnten wir '89 eine Revolution friedlich verwirklichen?*
- *Warum rebelliert heute Niemand?*
- *Warum erleben wir eine gleichgeschaltete Medien- und Politiklandschaft, wie sie zu DDR-Zeiten nie war?*
- *Warum lernen wir schweigen, anstatt zu platzen?*
- *Warum platzen wir nicht?*
- *Wovor haben wir Angst?*
- *Warum war am Anfang das »Wort«, und wenn »Ja«, welches?*
- *Warum konnte der Teufel siegen?*
- *Warum wurde Gott zum Teufel gejagt?*
- *Warum suchen wir nicht mehr Gott?*
- *Warum regieren die Satten, sollten das nicht die Hungrigen tun?*
- *Und wer da frei von Schuld, der werfe den ersten Steimle!*

Dösen ist sanftes Innehalten, im geistlichen Wiegeschritt, ohne absichtsvoll handeln zu wollen, so die alttestamentarische, wörtliche Übersetzung aus fernen Tagen.

Lutherstraße
gesperrt

Kanzelrede von Uwe Steimle in der Wittenberger Stadtkirche

am 14.06.2015

(Wortprotokoll mit sächsischen Einlagen – zum Bild »Im Weinberg des Herrn«)

Liebe Gemeinde und liebe Gäste hier in Wittenberg!

Erst einmal möchte ich mich bedanken, dass ich überhaupt hier stehen darf und dass ich hier sprechen darf und dass Sie mir zuhören. Danke!

Wenn ich das einfühlsame Bild aus dem Jahr 1569 heute, am 14.06.2015 – heute im Jahre des Herrn 2015 – ansehe, so ist mir, als gäbe es kein Gestern.

Übrigens: Vor 2 Tagen war der 12.06., da haben wir noch gefeiert, als das Unrechtssystem zu Ende ging, den Tag des Lehrers. Ich wollte nur mal daran erinnern, denn wir haben schon wieder Zeiten, wo pädagogische Hochschulen gesprengt werden, zum Beispiel in Dresden.

Weshalb ist gestern – heute und heute – morgen, und das im doppelten wörtlichen Sinne?

Für mich gibt es keine Gegenwart ohne Vergangenheit und ohne Vergangenheit gibt es keine Zukunft.

Lucas Cranach der Jüngere zeigt uns hier ein Bild und ruft uns Sehenden zu, so wir sehen wollen: Mensch! Bild dir deine Meinung, bilde dich, sei gebildet. Übrigens: Wer zu Cranach und Luthers Zeiten ein Bild verstand, der galt schon als gebildet! Das muss sich eine große Zeitung zu Herzen genommen haben.

Der erste Gedanke, der mir durchs Hirn schoss, war, als ich das Bild vom Weinberg des Herrn sah: Ist Gott käuflich? Oder etwas anders und sehr aktuell ausgedrückt: Wer bewertet eigentlich Rating-Agenturen?

Das ist so, als würden Sie fragen: Woran glaubt Gott?

»An mich«, rief letzte Woche eine Frau aus Münster. Sie war keine Ketzerin, sie hatte Recht, denn Gott glaubt an jede kleine, große Seele. Das alles merke ich, wenn ich dieses Bild betrachte. Gott sei Dank.

Apropos Gott, der Chef von Goldmann Sachs, Sie gestatten mir einen Sprung über den großen Teich, ein gewisser Herr Blankfein – es gibt Namen, die kann man sich als Kabarettist nicht ausdenken – Herr Blankfein wurde gefragt von einem Journalisten, was er denn denkt vom Investment Banking. Und was antwortet Herr »Blankfein«: »Wir erfüllen nur den Willen Gottes.« Wortwörtlich! Der Mann läuft immer noch frei herum.

Martin Luther klagte völlig zu Recht den Ablasshandel an. Wieso sollte sich einer vor Gott reinwaschen können durch geldwerte Mittel?

Und spreche ich von Luther, dann spreche ich von Sprache.

Nicht erst seit seiner Übersetzung der Bibel aus dem Altgriechischen ins Deutsche, seine, denke ich, überhaupt größte Tat, erhob Luther – damals noch vogelfreier

Pfaffe, Junker Jörg, der sich verstecken musste – der sich auf der Wartburg, eine Lustburg – ja, herrlich: da wurde nie Krieg geführt – die Lustburg der Deutschen, herrlich. Auf dieser Wartburg, weil behängt, geschlagen, gebannt mit der Reichsacht – ein herrliches deutsches Wort – erhob Luther, dieser Reformator, die Sprache zum – wie ich finde – eigentlichen Evangelium. Nämlich mit dem Satz: »Sprecht deutsch«, brannte er sich auch in mein Herz.

Was heißt »deutsch sprechen«? Deutsch sprechen heißt nichts anderes, als die Sprache des Volkes (zu) sprechen. Ein kleines Beispiel – ganz aktuell: Die Amerikaner erheben Anspruch auf den Mond. Wirklich! Denn da oben sind Helium-Gase und die kann man gut brauchen, wenn die Ressourcen zu Ende sind. Die Rest – Sourcen. Und deswegen denke ich, wir werden es noch erleben, wenn demnächst uns präsentiert wird: Dieser Mond wurde Ihnen präsentiert von Coca-Cola. Wir lachen. Es ist alles schon mehr oder weniger Realität.

Also: Klar, einfach und vor allem unmissverständlich sollte das deutsche Wort sein. Wozu brauchen wir Wirtschaftswachstumsbeschleunigungsgesetze? Ich habe noch nüscht getrunken. Ich überlegte sofort, als ich das Wort das erste Mal hörte. Es synapsierte bei mir – das Wort hab ich mir selber ausgedacht – wie hieß das Wort bei uns? Genau: Fünfjahrplan. Ist och nüscht geworden. Ja.

Und als ich in Haßfurt vor nicht allzu langer Zeit auftreten durfte …

Jetzt frag ich mal: Kennt jemand von Ihnen, liebe Gäste, Haßfurt? Sie kommen hier wohl gar nicht raus?

Und das ist gut so! Bleiben Sie hier!

In Haßfurt war eine Dame und die rief über sieben oder acht Reihen hinweg, die fühlte sich bemüht, sich mit mir unterhalten zu müssen, während der Veranstaltung: »Herr Steimle, könne Sie kurz skizzieren, was das meint?« Das ist ja Deutsch, wie ich es liebe. Gott sei Dank war es kurz vor der Pause und so hatte ich etwas Zeit …

Genau, ich hatte Zeit, mir etwas zu überlegen, weil immer fällt mir ja nun auch nicht gleich was ein. Ich bin ja kein Stegreifsprecher.

Und nach der Pause bin ich dann rausgekommen zu der Frau und hab ihr skizziert, was das meint. Und ich weiß es wie heute, ich hab gesagt: »Bitte stellen Sie sich vor, Sie schenken Ihrem Liebsten zu Weihnachten sechs Schlüpper«. So weit würde ich nie wieder gehen, dass man sich vorstellen kann, dem Liebsten zu Weihnachten sechs Schlüpper zu schenken. Übrigens: Wenn ich in Hannover bin, bekomme ich jedes Mal prompt zugerufen: »Herr Steimle, bei uns sind das Unterhosen!« Dann pflege ich zu sagen: »In der Zeit haben wir die Dinger wieder an- und ausgezogen!«

Weiter zu der Dame in Haßfurt: »Im nächsten Jahr brauchen Sie dann schon zwölf Schlüpper, denn es geht ja um die Wirtschaft und die muss sich per Wachstum beschleunigen.« Es geht ja nicht um uns. Schon lange nicht mehr. Hauptsache der Wirtschaft geht's gut. »Im nächsten Jahr, also im dritten Jahr, brauchen Sie dann schon 24 Schlüpper, weil, wir haben ja dynamisches Wachstum. So, jetzt haben Sie 24 Schlüpper, aber noch keen Waschpulver. Das heißt: den Schlüppern geht's dreckig.«

Und so, entschuldigen Sie, ist vieles hier in unserem Lande: Man begreift gar nicht, was hier eigentlich geschieht. Der Sachse würde sagen: »Es is fourschbar.«

Ein Apfelbaum – und damit sind wir wieder bei Luther – aktuell – ein Apfelbaum, der schafft im Jahr nur 1.000 Äppel. Mehr hat die Natur, hat Gott nicht vorgesehen. Uns wird aber ständig gepredigt – ja, von Experten: der Apfelbaum muss 2.000 Äppel tragen und dazu noch Pflaumen.

Und Sie sind kurz vorm Durchdrehen und sagen »Moment, wieso Pflaumen?« und bekommen zur Antwort – weil es sind ja geschulte Experten – »Weil das früher ein Pflaumenbaum war. Genau! Und da hat er ja auch noch Pfirsiche dran gehabt.«

Das Wort wird uns im Munde umgedreht – jeden Tag aufs Neue.

Und wenn die Kanzlerin – übrigens Pfarrerstochter, evangelische – von ihrer Kanzel fordert:

»Wir müssen das Vertrauen der Märkte zurückerobern«, läuten bei mir alle Glocken. Wer sind die Märkte? Bitte Namen, Adresse und am besten noch Hausnummer. Dort müssen wir hin, denn die haben unser Geld.

Und während Griechenland wieder einmal 300 Millionen Verbindlichkeiten für Verbindlichkeiten braucht, bringen sieben wild gewordene Finanzminister 200 Millionen alleine in Dresden durch, nur für Sicherheitsfragen. Davon könnte Griechenland eine ganze Weile leben.

Wer verhängt die Reichsacht gegen G7?

Luther hätte den Spieß umgedreht, besser die Harke,

mit der er im Weinberg auf eben diesem Bild im Zentrum recht, nicht rechnet. Luther hätte uns gezeigt, was eine Harke ist!

Nur fest geglaubt an unseren Herren, dann findet sich auch manch Mitstreiter im bescheidenen Gewand, egal ob Fürst oder Melanchthon. Schade, den Thomas Müntzer entdecke ich nicht mehr auf diesem Gleichnisbild. Er war zu diesem Zeitpunkt schon unter die Räder gekommen, weil er das Rad der Geschichte zu rigoros weiterdrehen wollte.

Das schöne Lutherwort »friedfertig« überfällt mich beim Betrachten des Bildes von Lukas Cranach dem Jüngeren.

Arbeitend, schaffend steht er am Weinberg des Herrn und beackert ihn. Und zweifelnd, ja zweifelnd, das gefällt mir besonders, denn Zweifel ist die eigentliche Triebkraft, nichts ist sicher. Das ist sicher.

Der zweigeteilte Berg, gleichsam die Welt, will betrachtet werden, so man sich sehenden Auges nähern will.

Von links schweift das Auge über das Alte, den purpurnen Schein. Und der Schein bestimmt das Bewusstsein. Bis 1989 wurde die Welt noch verändert, jetzt wird sie nur noch interpretiert. Und ich denke gleich und befinde mich sogleich nicht mehr im Bild von 1569, sondern wieder im Jetzt.

Mein Bankberater nennt so etwas »Echtzeit«, diese doppelt gemoppelte Nebelbombe. Die Zeit ist nicht echt oder noch neudeutscher »authentisch«. Hier fliegt doch der ganze Schwindel auf, was ist an diesem Geld authentisch?

Warten Sie, ich helfe Ihnen auf die Sprünge! Wenn Sie nach Verlassen der Kirche zu einem Bankautomaten gehen, schauen Sie bitte auf den Kontoauszug. Was steht oben rechts auch auf Ihrem Kontoauszug: »Soll – Haben«.

Haben Sie es bekommen? Nee. Ich warte auch noch drauf!

Dass die reichen Geldverleiher und die öffentlichen Gläubiger lügen wie gedruckt, hören wir jeden Abend kurz vor der »Tagesschau« bei der Börsenbeichte aus Frankfurt. Früher waren das die Wasserstandsmeldungen.

Sie erinnern sich noch? Vrchlabi: plus minus 5, Wittenberg: nicht gemeldet … wahrscheinlich schon abgehauen …

Und was müssen wir uns heute anhören? Diesen Schwachfug:

Lüge Nummer eins: Der Dax hat wieder zugelegt an Punkten … Ein Dachs hat keine Punkte!

Lüge Nummer zwei: Das Geld muss arbeiten! Ich denke dann immer: Das arme Geld muss immer arbeiten! Das is fourschbar.

Fourschbar ist übrigens das Lieblingswort der Sachsen. Das geht schon früh los – gerade jetzt bei diesen Temperaturen – er macht die Gardine breit und sagt angesichts der Demmse: »Fourschbar«. Das ist wie ein Mantra, das er vor sich herträgt. Und da der Sachse ja geschickt ist … es gab auch Zeiten, da gehörte Wittenberg noch zu Sachsen. Ich erinnere mich … die Älteren werden sich erinnern … Der Sachse sagt dann wunderbarerweise, listigerweise: »Ist das ni fourschbar?« Weil es könnte ja

Peter Vohland und Uwe beim Betrachten von Melanchthon und Luther.

sein, dass jemand aus Sachsen-Anhalt sagt: »Nö, das ist überhaupt nicht fourschbar.« Und dann sagt der Sachse: »Also jetzt, wo Sie's so sachen, würd ich mich der Meinung dementsprechend anschließen.« Und das Wort »dementsprechend« spielt eine ganz wesentliche Rolle. Und wenn Sie wieder mal nach Sachsen kommen – muss ja nicht Haßfurt sein – und Sie hören zum Beispiel diesen wunderbaren Satz: »Na, nee, nu«, so haben Sie sich nicht verhört. Das gilt in Sachsen schon als vollständiger Satz. Nämlich mit der selben Begeisterung, Empathie, wie der Sachse einen Satzbau beginnen kann – die Möglichkeitsform, genau – »Na«, kann er im Bruchteil einer Sekunde, wenn er beim Gegenüber merkt, es fruchtet nicht, umschwenken in »nee«, um dann doch allversöhnend zu enden im »nu«. Und deswegen sagt man: der fischilante Sachse.

So!

Und oft höre ich ja das Wort, bei Banken, von Gläubigern. Dieses Wort ist ganz fourschbar! Dass das die Banken auch benutzen, gibt mir zu denken. Wissen Sie, Glaubwürdigkeit – der Sachse sagt dann: »Das würde ich gern glauben« … Ich finde Glaubwürdigkeit sollte nur zur Kirche gehören und der Rest, also die Banken, könnten es einfach mit der Wahrheit versuchen.

Und abschließend noch ein schönes Lutherwort. Er sprach nämlich vom »Zusammenglauben«. Auf dieses schöne Wort möchte ich hinweisen.

Luther war ja auch nicht umsonst ein Worterfinder!

Mir ist nämlich, als ob Luther im tiefen Glauben an

das Wort – und am Anfang war ja das Wort – welches eigentlich, Gott? – als ob Luther Hoffnung und Trost suchte in der Sprache.

Ja, Gott ist Trost und Hoffnung durch Sprache.

»Zusammenglauben«, damit kann unser Luther nur gemeint haben: »Ein feste Burg ist unser Gott.«

Denn es gibt auch noch ein Zusammenglauben von Banken. Und das ist fourschbar. Geldeintreiber, Wechsler, Pharisäer. Aber auch die gilt es auszuhalten im Weinberg der Herrn.

Im Weinberg des Herrn ist's manchmal auch zum Weinen. Ein kleines Beispiel sei mir gestattet. Es bleibt uns nicht mehr viel Zeit. Die Frage ist, wenn ich mir das Bild anschaue »Im Weinberg des Herrn«: Für welche Seite entscheide ich mich? Entscheiden wir uns?

Was ist heute zeitgemäß? Was ist Fortschritt? Ich glaube: Verzichten ist ein gutes Beispiel dafür und Barmherzigkeit und nicht Bar-Herzigkeit. Helfen ohne Ansehen der Person.

Tun, nicht quatschen!

Und deshalb mag ich dieses Bild vom Weinberg des Herrn so sehr, weil es mir eine Entscheidung abnötigt. Links oder rechts.

Mammon/Teufel – Geld – oder hungrig bleiben und sich am Wein laben, unserer Natur, die Gott entspringt.

Ein kleines Beispiel zum Schluss, was Worte anrichten können: Hier in Ihrer schönen Stadt habe ich im Hotel »Best Western« gesehen: Es gibt ein Kartenspiel, das heißet »Luther to go«.

Ich bin ferdsch.
Ich kann nicht mehr.
Hier stehe ich.

THESE 96
FLUTSCHEN
MUSSES

THESE 96

Flutschen musses …

Flutschen musses

Dor Sachse spricht ooch ma Deutsch
Doch Sächsisch fetzt einfach mehr
Dä ganze Welt is behäbbelt
Mitm Ball wird gebebbelt
Sächsisch is gar ni so schwer

Der Sachse isst gerne Rungsen
Und wenn er stößt tut er gungsen
Tut ooch dä Hitsche ma kippeln
Wirste ni dlei abnippeln
Denn eens das merke dir
So geht Sächsisch

Refrain:
Flutschen musses
Flutschen musses
Flutschen musses
Flutschen, Flutschen, Flutschen, Flutschen,
Flutschen musses
Flutschen musses
Flutschen musses

Dor Sachse arbeitet gerne
Mir helfen gerne ma aus
Und da wird ni erscht geschwafelt
Gediggschd und gebabelt
Wenns ni flutscht dann sagen mir
So geht Sächsisch

Refrain:
Flutschen musses
Flutschen musses
Flutschen musses
Flutschen, Flutschen, Flutschen, Flutschen,
Flutschen musses
Flutschen musses
Flutschen musses

Mir ham Berge, mir ham Täler, mir ham alles,
was mer brauch
Mir ham Fußball, Roland Kaiser undn Stolln
Mir ham Dichter, mir ham Denker,
Mir ham Dussel, mir ham uns
Alles da, da könnse machen was se wolln
Aber!

Refrain:
Flutschen musses

Die Glocke

Treffpunkt: 9.40 Uhr, Weißenborn im Saale-Holzlandkreis, bei Leiternbauer Bernd Schulz. Unser kleines Fernsehkollektiv steht überpünktlich vor der Werkstatt, um einen der letzten Leiternbauer mit Mikro und Kamera für die Nachwelt zu dokumentieren. Von ehemals 100 leben von ihrer Arbeit nur noch fünf Leiternbauer. Fortschritt heißt das Zauberwort. Blödsinn, sage ich. Jeder, der schon einmal eine große Holzleiter bestiegen ist, ehrfürchtig Sprosse für Sprosse, bittet mit steigender Höhe und sinkendem Mut um solide Handwerkskunst. Wir alle ahnen, welch handwerkliches Geschick vonnöten ist, feste, stabile und schöne Leitern herzustellen. Bernd Schulz, Leiternbauer, beschürzt und Fahrensmann, also handwerkliches Originalgenie, betreibt sein Geschäft nun schon in der fünften Generation. Seine lustigen Augen blicken müde, er hört schwer und geht gebückt. Ergebnis jahrzehntelangen Schuftens. Stolz zeigt er uns Fotos aus längst vergangenen Kindertagen, wir sehen ihn spielend als Fünfjährigen, er spielt Pferd und Pferdeführer zugleich, zieht und kommandiert sich sozusagen selbst. Sein Leben ist da schon durch das väterliche Handwerk vorbestimmt und wird ein Leben lang mit Handwerk und handwerklichem Stolz gefüllt. So baut er Leiter um Leiter, den Meter für 11,00 €, auf dass die Leitern irgendwann einmal vielleicht sogar den Himmel erreichen. Auf meine Frage, ob ein Leiternbauer in den Himmel kommt, funkelt er nur mild aus seinen trüben Leiternbaueraugen und schnurrt kurz: »Wer sonst.« Wie lange er das noch machen will, frage ich. »Bis es keinen Spaß mehr macht«, und damit drückt er mir einen echten Reisigbesen in die Hand, eine Leiter nicht, aber einen Besen traut er mir zu. Dankbar greife ich zu, denn genau so einen suchte ich schon seit Jahren. Ein Besen, mit dem man in jede Dreckecke kommt. Ein gebundener, alter, deutscher Besen. Besenbinden kann er auch, denke ich so staunend für mich

hin und spreche es aus. Auch Gartenbänke, Axtstiele, Sensenböcke, Haushaltsleitern, Wäschestützen sowie Bohnenstangen. Genial für Adipöse entfällt es mir, doch Meister Schulz fertigt schon die nächste Leiter. Müssen fertig werden bis zur nächsten Überlandfahrt, ja auch das macht dieses Universalgenie mit Alleinstellungsmerkmal noch nebenbei, also zusätzlich. Arbeiten, Arbeiten, Arbeiten, weil es Spaß macht. Sein Urgroßvater hatte ihm, dem Fünfjährigen, den Leiterwagen gebaut, den er dann selbst zog, mit Menschengeschirr, also Riemen, vor den Karren gespannt und dabei lächelnd. Von wegen Kinderarbeit. Pragmatische Vorbereitung auf den Berufsalltag. Nach einer kleinen Weile fasse ich mir Mut und frage ihn, ob es ihn traurig stimmt, dass es bald keinen mehr geben wird, der eine anständige Leiter bauen kann. Ironie ist ihm fremd und so putzt er nur verlegen seine Nase, keiner soll merken, dass er gerade eine Träne weggeschoben hat, ach nein, nur ein Holzspänlein, welches sich im handtuchgroßen Schnupftuch verfing. »Wissen Sie, es stimmt mich ja gar nicht traurig, ich begreife es nur nicht, dass etwas aufhören soll, was doch bis jetzt immer da war. Begreife ich nicht. Weg, einfach weg.« Und jetzt wird mir mit einem Mal klar, glasklar, was Deutsch bedeutet. Arbeit, Handwerk, Sprache. Geerdeter Dreiklang, fernab von national übertriebenem Dumpfsinn. Für einen kurzen Moment des Innehaltens offenbaren sich Gefühl, Suche und Ahnung.

Bernd Schulz präsentiert sich im Innenhof seines Anwesens mit einer Bimmel, ja, eine goldbronzierte Glocke ziert plötzlich den Leiternbauerfahrensmann, und plötzlich schwillt seine Stimme an und er ruft, so dass es noch im Nachbardorf vernehmbar ist: »Leute, kauft Leitern, Böcke, Besen, alles zu günstigen Preisen, direkt vom Hersteller, gute Leitern.«

Dann setzt er die Bimmel ab und sagt vor laufender Kamera: »Diese Glocke hat fünf Generationen ernährt.« Die Glocke. Das war doch kein Versprecher. Der Glaube steckt also doch in der Sprache. Also nochmal, lieber Martin. Die Sprache lebt und ist lebendiger Glaube. So geschehen im Jahre des Herrn 2016 nach Christus im Holzland. Und Bernd Schulz zeigt mir, wie es geht im September, im Spätsommer. Was Deutsch ist, wird jetzt vielerorts gefragt. Deutsch ist die Sprache. Sie allein führt uns zum Herrn. Wer kein Deutsch sprechen mag, wird aber keinen Zugang zum Gemeinwesen finden, und ein

Volk, welches sich freiwillig »Welcome« an die Eingangstür nagelt, weil es angeblich chic ist und hipster, muss sich schon fragen lassen, ob es noch bei Trost ist. Ohne Not übernehmen wir die Besatzersprache schon im vorauseilenden Gehorsam, um ja nicht auffallen zu wollen im Einheitsbrei »Mainstream«. Wo bleiben Heimat, Volk, Kindergarten und Herzensgrund? Ja, Deutsch ist vor allem ein Gefühl, ein Gefühl, freudig arbeitend Dienst zu tun, auf dass es möglichst vielen gut gehen möge. Und was ist da rechts? Rechts? Gar nichts! Es ist der Neid der gottlosen 68er und der Grünenbewegung, die, um einmal Katrin Göring-Eckardt zu zitieren, gar nichts mehr mitbekommt. Denn auf die Frage, warum die Grünen gerade in Meck-Pomm aus dem Landtag geflogen sind, antwortet sie im Morgenmagazin des Zentralen deutschen Fernsehens am 5. September 2016: »Wir verloren auch deshalb in Meck-Pomm, weil da viel Land ist, ein ländlicher Raum.« Aha, darauf musst du erst mal kommen. Was wollte uns »Stricklissel« Katrin denn damit sagen? Land? Ja, da gibt es Landwirtschaft, war mal ein Urthema der Grünen, als sie noch hungrig waren und keine Macht hatten. Satt, vom Volk abgehoben, arrogant und hoch gebildet, weil meist aus reichen Elternhäusern kommend, wanzten sich »Die Grünen« an alles, was sich anbot, um selbst anbiedernd zur Macht zu kommen. Alle Macht geht dem Volke aus. Amen.

Und damit bin ich wieder bei Luthers Martin, denn der wollte ganz bewusst dem Volke aufs Maul schauen, auf dass die Sprache auch verständlich wird, nämlich

Gottes Wort. Und wer den Glauben deutsch nicht erfühlt, muss dann eben die englische Übersetzung zur Hand nehmen. Sprecht Deutsch, macht's Maul auf, so wie euch der Schnabel gewachsen ist, vom Herzen her verständlich. Das ist die Botschaft. Unverstellt, auf dass ihr erhört werdet. Unerhört! Die deutsche Jugend hat ein feines Gespür und spricht beim Unverständlich-dahin-Regieren von »Merkeln«. Wunderbar. Das kapitalistische Staatsfernsehen, so geschehen am Tag nach dem Wahldebakel der Union, spricht in Form der Moderatorin jetzt sogar schon vom »sogenannten Volk«. Nachtigall, ich hör dir rülpsen. Schnell absetzen, um ja nichts mit diesem Volk zu tun zu haben. An ihrer Sprache sollt Ihr sie erkennen. Das »so genannte Volk« ist's, welches die Steuern zahlt. Es bezahlt die Kriege, denn die Herren der Rüstungsindustrie wollen ja auch von was leben. Das «sogenannte Volk«, schon längst kein deutsches mehr in den Wunschvorstellungen der Besatzungsmoderatorin, vom ZDF bezahlt, bezahlt aber auch die Kosten für die Flüchtlinge. Oh, halt Nein, die deutsche Grundsprachpolizei hat verboten, von Flüchtlingen zu sprechen, dies sei diskriminierend, also irgendwas mit Krimi … Geflüchtete muss das heißen. Aha, denk! Dann lasst uns auch nicht mehr vom Lehrling sprechen, sondern bitte vom Gelehrten. Wird mich nicht wundern, wenn's Frau Göring-Eckhardt erfunden hätt.

Oh Herr, lass es Hirn regnen. Weil die Macht keine Vernunft kennt, hat die Vernunft keine Macht. So, genug geschimpft, Steimle. Du bist nicht Luthers Stellvertreter auf Erden, obwohl es vom Zorn her reichen würde. Noch einmal den göttlichen Satz gesprochen, vom Himmelsleiterbauer Bernd Schulze aus dem Holzlandkreis: »Die Glocke hat fünf Generationen ernährt.«

Meine Kirche ist der Mensch, meine Religion der Zweifel und die These 97 besagt nur ein Wort: Demut.

P.S. Und nach einiger Zeit, dem Nachdenken über Bernd Schulz' tiefe Worte über die Glocke, fiel mir ein, wie gern ich Glocken höre, ja Glockengeläut. Bitte verstehen Sie mich richtig. Nichts hab ich gegen den Muezzin. Gar nichts, doch mir reicht Glockengeläut. Und wenn ich für Gottes Glockengeläut bin, bin ich nicht gegen anderes. Nur möchte ich mich bescheiden. Mein Reichtum sagt mir – es reicht. Ich lass mir etwas entgehen. Mir fehlt trotzdem nichts.

Die älteste aktive Tanzlehrerin Frau Gisela Weser

Gleich vornweg: Frau Weser aus Lutherstadt Eisleben hat kein »Rücken«. Die 95-jährige geniale Huppdohle hat Rückgrat, weil sie Haltung zeigt und das im wortwörtlichen Sinn. Im biblischen Alter von 95 Jahren noch tanzend im Leben zu weilen, Welt und Herz: Was wollt ihr mehr? Manchmal dann doch etwas weniger Schmerzen. Fräulein Wunder gibt unumwunden zu, dass es inzwischen gewaltig kracht im Gebälk. Sie begrüßt uns in ihrem großen Ballsaal, in dem sie nach gegebenen Tanzkursen auch zu wohnen scheint. Richtig: Frau Weser geht daheim zur Arbeit. Das nenne ich eine vorbildliche CO_2-Bilanz. »Ich bin dann mal hier«, ist ihre Lebensmaxime. Seit sie denken kann, bewegt sich Tanzmaschine Gisela voller Gefühl. Gleich zu Beginn unseres verabredeten Treffens stellt sie klar, dass sie nicht viel Zeit habe, denn um Viertel sieben kommt der Paso Doble Klub und den kann sie nicht sitzen lassen, weil die nämlich ganz passabel Paso Doble tanzen. Überhaupt, wie wir denn auf sie gekommen sind, wer sie uns empfohlen hat …, die Preisträgerin mit Guinessbuchrekordeintrag bohrt ganz chenant nach. Ich gestehe, dass ich ehrfürchtigen Respekt vor Menschen habe, die, ohne durchzudrehen, so weit gekommen sind im Leben. Und da ich merke, dass sie voll bei Bewusstsein ist, donnere ich, auch um ihre Laune zu testen: »Leute aus der Stadt haben uns auf Sie aufmerksam gemacht und uns gesagt, bei Ihnen hätte schon Luther das Tanzen erlernt.« Kurze Pause. Frau Weser mustert mich, ihre wässrig warmen Rehaugen werden schlagartig adleraugenscharf, und von einer Sekunde zur andern, ohne mit einer Wimper zuckend, herrscht sie mich freundlich an: »Nene, mein Lieber, das war wohl eher andersrum.« Sie packt mich und wirbelt mich Fragensteller durch den Tanzsaal. »So wird's gemacht, so ungefähr tanzte Luther mit seiner Katharina in der Renaissance.« Mir Wicht bleibt nur das Staunen. Volkshumor, gespeist aus selbst Erlebtem … ist unschlagbar. So, und jetzt habe sie gar keine Lust mehr zu tanzen, betont meine kluge Verführerin, sie sei eigentlich zu alt und wisse nicht wofür und überhaupt … Sie tanzt mich aus dem Saal hinaus. Sich (unnötig) schämend, zeigt sie mir den maroden Zustand des Saales, zeigt auf nackte Deckenbalken, fehlende 40 qm Tanzfläche, erzählt vom Wasserrohrbruch, der feinstes Gründerzeitfischgrätmusterparkett zu Packeisparkett aufquellen ließ. Versicherungen zum Trotz tanzt sie himmlisch leicht und mit Gottvertrauen weiter, und als wir die acht fahrbahren Garderobenständer passieren (Frau Weser wohnt also wirklich hier), hält sie sich ein rotes Ballkleid mädchenhaft an und fragt mich, ob mir ihr Kleid gefällt. Es fällt

mir so leicht, ihr Kleid zu loben, und ich finde, es macht sie tatsächlich noch einmal zehn Jahre jünger. »Wirklich? Wirklich? Das war mein erstes, soll ich es noch einmal anziehen?« Wir Männer vom kleinen Fernsehkollektiv wollen inzwischen die Garderobe verlassen, damit sich Frau Weser in Ruhe umziehen kann, aber sie hält uns zurück: »Bleiben Sie hier, umziehen geht doch schnell und bei mir hängt doch nichts bis zum Erdboden.« Inzwischen doziert sie als zur 70-jährigen erblüht: »Wissen Sie, meinen Tanzkursdamen gebe ich den Rat: Kinder, alles in die Ausstattung! Die Hälfte des Erfolges ist das Kleid! Aus gutem Stoff!« Gisela Weser knipst den Sternrekorder an, und das ORWO-Magnetband herrscht: Küss mich, halt mich, lieb mich. Die Interpretin Ella Endlich wurde berühmt mit diesem Aschenputtelsong. Elfe Gisela macht aus diesem Schlager einen zärtlich sehnsuchtsvollen, energiegeladenen Lebenstanz, sie tanzt das Lied zur Hymne an das Leben. Es gibt so viele falsche Filme … Ich fühle: Ich bin im richtigen Film. Plötzlich fällt Frau Wesers Seidenschal zu Boden. Jetzt ist der Tanz zu Ende, zu mühselig ist es, den Schal zu heben … Meine Eislebenpalucca blinzelt kokett und frech zu mir herüber, lässig hebt sie das Tuch und tanzt. Unfassbar! Weltkulturerbe! Als die Kameras abgeschaltet sind, nimmt sie meine Hand und mir vertrauend sagt sie: »Herr Steimle, ob es früher besser war oder eben ooch nicht, weiß ich nicht.« Jetzt knetet sie versunken meine Hand: »Aber eines weiß ich mit Sicherheit, früher war mehr Gefühl auf der Welt! Mehr Gefühl, und das lassen wir jetzt mal so stehen.« Ich

beuge mich zur ältesten aktiven Tanzlehrerin der Welt herunter, küsse sie auf die Wange und denke bei mir, dass diese Frau Hundert werden kann, denn sie riecht sehr gut, bei ihr hat der Tod noch nicht angeklopft, das fühle ich. Am nächsten Tag startet mein kleines Team ins größte Krematorium von Sachsen-Anhalt. Welche Lebensweisheiten erwarten uns da? Kleine Vorschau: Das Krematorium trägt den Namen »Flamarium«. Es geht eben nichts übers Gefühl.

Frau Dorle aus Gommlo

Klingen diese Worte schön? Ja! Wer diese homogen zusammengeführten Worte liest, ist schon gesund, bevor er krank wird. Genau das ist die Mission, besser Passion, der Frau Dorle. Sie befreit die Menschen von der Chemie. Heilkräuterexpertin ist die ehemalige Chemielaborantin geworden und lebt im Einklang mit sich in der sagenumwobenen Dübener Heide. Gleich zu Beginn unseres Kennenlernens umarmte sie mich, die mich nie zuvor gesehen, so kräftig und innig, dass mir die Luft wegblieb. Das dauerte nicht lang, und wie vom Donner gerührt brachte ich nur heraus: »Also, nun hab ich gar keinen Elektrosmog mehr.«

Sie lachte, und das Eis, welches zwischen uns nie da war, war gebrochen. Apropos Eis. Gibt es natürlich auch beim Kräuterweib, es heißt hier nicht Schwedeneisbecher, sondern Zaubereis. Kein Zucker ist drin und: Ja, es schmeckt. Brennesselsamen ist gut für die Potenz. Überhaupt für, das »für« ist ihr Zauberwort. Immer für, nie dagegen, so kann man auch alt werden. Nach drei kräftigen Bissen ins Brennesselgesame spürte ich schon, wofür es gut ist, und wollte heim. Also bei aller Liebe, liebe Frau Dorle, so viel Körnermix auf einmal, von so viel Gesundheit auf einem Haufen,

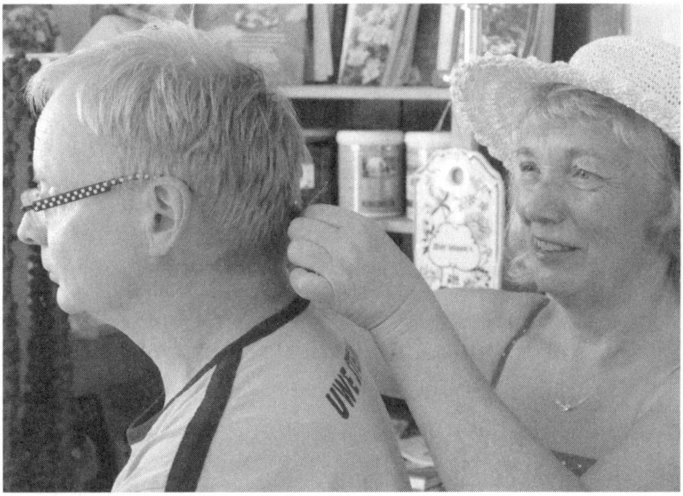

da werde ich krank. Meine Pointe, wissentlich überhörend, drohte die Dübener-Heide-Heilkräuterfanatikerin mit basischem Bade. Mir, dem chronischen Hypochonder, der auf einmal gar nicht mehr kränkelte, entfuhr ganz schnell: »Ich habe nichts.« – »Eben, das sagen die meisten – und dann? Ja, was dann?«

Pause: «Dann baden Sie 14 Stunden, ja, da steht mein persönlicher Rekord.« Und wieder sprach sie von sich wie von einem Medium, an dem es auszuprobieren galt, was ging. 14 Stunden baden? Da hängt mir die Haut in Fetzen, da bin ich aufgeweicht. Sie sei es, behauptete Dorle, sie bade nachts und vor allem basisch. »Nehmen Sie sich diese Zeit, und nach 12 Stunden schon sind Sie ein neuer Mensch, aber basisch, basisch«, drohte sie noch einmal, »denn nur so finden Sie zu innerer Balance.« Macht? 12,70 €, quatsch, macht gar nichts. Basisches Baden mit Balance, darauf muss man erstmal kommen. Ich will auch gar nicht wissen, was da im Badewasser obenauf schwimmt nach 12 Stunden, basisch durchdrehen würde ich nach soviel Reinheitsgebot. Übrigens heißt die abgestandene Oberwasserschicht im basischen Balancebad auf sächsisch: Danster, ich seh es schon vor mir. Die Menschen in Deutschland sind alle übersäuert, und das sieht man denen auch an. Schauen Sie doch bloß mal Frau Merkel an, diesen Sauertopf. Stimmt, und ihr Mann heißt auch so. Würde sie basisch baden, mit Balance, nicht auszudenken. Gegen Angela wär kein Kraut gewachsen. Amen. Apropos Amen – und damit verabschiedete mich Dorle aus Gommlo, hätte Luther sich von mir behandeln lassen, er könnte heute noch leben.

Uwe Pfeifer

Uwe Pfeifer malt Farben, die gibt es gar nicht. Kennen Sie ein moosiges Grünschwarzpetrol?

Na also! Genau aber diese Farbe muss er aus seiner Tube gedrückt haben, dieser Hallenser Zaubermaler. Denn wer so malen kann, muss zaubern können. Punkt.

Das Wort »Alleinstellungsmerkmal« macht mittlerweile die Runde. Verzeihung, wie hätten wir früher dazu gesagt? Unglaublich! Unverwechselbar! Einmalig! Das hätten wir gesagt.

Uwe Pfeifer hat sich diese Prädikate erarbeitet, ermalt. Traumwandlerisch romantisch und dabei ganz modern.

Altmeisterlich im Farbauftrag himmelt mich das Nachtwerden an, im Tagtraum schon die feine Ironie. Ohne vordergründig daherzustolpern, trifft mich Pfeifers moosiges Grünschwarzpetrol mitten ins Herz. Die wohlige Farbwirkung auf mich gelingt, weil die Wärme der Farbe gegen Ekel und Schmerz, die dieser Farbe ebenso innewohnen, gewinnt. Ein gewärmtes Herz, viel mehr braucht es nicht. Malerzauber.

Jetzt wende ich mich endlich von der Grundfarbe ab und mir fällt beim Übersetzen des Pfeiferschen Hauptwerkes ein: »Die Sonne geht im Osten auf … im Westen scheint sie schon schön … unterzugehn.« Aber ja, genau aus dem oberen linken Bildausschnitt, also von Westen her, wird's dunkel. Ein Verlöschen droht. Bald ruhst du auch. Doch vorher darf ich mit den Augen folgen, Stück für Stück dem tastenden Schattieren, fein zelebriert, es gibt kein Entrinnen. Pigment um Pigment stürzt das moosige Grünschwarzpetrol tarnfarbengetarnt, doch sichtbar, dem Weltende entgegen. Dem Morgenrotrot entgegen … Vergiss es, das war einmal.

Pfeiferbilder ansehen zu dürfen macht Spaß. Ich weiß, der Maler braucht mich. Dialogversessen lockt er mich zu einer Auseinandersetzung. Was ist aus Mutter Erde geworden? Wo stehen wir? Wie einsam sind acht Millionen Menschen, dass ein Dialog unmöglich scheint? Einsamkeit deluxe, alles Schicksal, auch der Tod. Todschick. Von links nach rechts treten auf zum Welttheaterabschied: ein kleines Mädchen

mit Leuchtball. Des Mädchens Gesicht ist von Schmerz geprägt, aber der Leuchtball, die kleine Sonne, leuchtet. Ich sehe den gestrauchelten Fortschritt, unsere übriggebliebene (Um)Welt. Alte unnütz gewordene Bauern. Äste? Eher klagende Hände ohne Rinde. Das Fräulein Wunder mit goldenem Strahlhaar ist ganz bei sich. Sich räkelnd am Stamm der Erkenntnis, zeigt sie ein der Umwelt angepasstes Geilgrün, weiß nicht mehr, was sie noch tun muss, um aufzufallen. Vorbei! Zu spät! Niemand sieht den Bären. Mutter Natur. Mischka heißt der Bär und das Mütterchen … Russland. Das mächtige Tier ist angekettet, ein Tanzbär, und wird also am Ring durch die Arena geführt. Der Bär wird zum Affen gemacht, es reicht nicht, dass der Nasenring schmerzt, der Bär vor aller Augen Fesseln tragen muss, der barbarische Überflusskapitalismus setzt als Zeichen schlimmster Demütigung dem großen Meister Petz noch ein lustiges Hütchen auf den Kopf. Mischka dreht sein letztes Ründlein, in Eisenmaske gefesselt, brüllt er nicht mehr.

Pfeifer legt den Finger auf unsere Weltwunden.

Ein geborstener Baum, zersplittert und verkohlt, steht einer Festung gleich und trägt am letzten Holz nur noch den Totenkopf. Der Tod, am höchsten Punkt angekommen, alles Leben überragend, lacht. Er hat das Leben auf die Spitze getrieben, gewonnen hat er den Menschen nicht. Zu hoch gepokert hat er, selbst für ihn ging es diesmal ins Auge. Ohne Leben ist auch ein Tod einsam. Das sollte er bedenken.

Wenn Scheitern als letzter Ausweg gemalt wird, so kann doch kein schönes Bild entstehen. Hier ist Scheitern auch nicht geschönt gemalt, aber so schön und filigran und genau, zeichenhaft und trotzdem konkret. Das sind mir die liebsten. Altmeisterlich und fotografisch seziert, modern trotz Romantik. »Versteht mich bitte nicht, ich bin Künstler?« Nein, Uwe Pfeifer ist erkennbar. Seine Bilder sind Kosmos, alles was unter der Größenordnung Universum daherkommt, malt er gar nicht. Er hat die große Fähigkeit, Vielschichtigkeiten auf einer Fläche darzustellen. Metaphern, Schlüssel, Zeichen sind sein Ding. Und alles steht bei ihm auf festem Grund, sogar der Trinker zentral in die Mitte des Bildes gesetzt. Amerika, Indianer und Börsenmakler Onkel Sam streiten nicht mehr. Friedlich nebeneinanderstehend schauen sie in den Abgrund ins All, wo all die schönen Augenblicke abgetaumelt auf Nimmerwiedersehen, bald aufgelöst und für uns unsichtbar treiben. Wir sehen noch einmal des Indianers Wüstensand an seiner Bekleidung. So muss die Wüste Nevada einmal ausgesehen haben, als die Erde noch nicht verstrahlt und zum Ahlen schön war.

Voller Liebe pinselt Pfeifer genau nach Plan. Er ist ein Farbspieljongleur und malt einen Tagtraum, der abrechenbar ist.

Tucholsky formulierte: »Im übrigen gilt ja hier derjenige, der auf den Schmutz hinweist, für viel gefährlicher, als der, der den Schmutz macht.«

Sehen Sie sich an, wie schön Uwe Pfeifer den Schmutz malt. Auch deshalb ist er ein politischer Maler. Kreuzgefährlich dieser Pfeifer. Hoffentlich bleibt er das noch sehr, sehr lange. Uwe Pfeifer? Alte Schule!

Gegen Pfeifer ist Richter nur ein Rauch.

THESE 97

Demut

These, Hypothese

Nehmen wir an, Sie halten für Ihren letzten Weg schon jetzt Ausschau nach einem warmherzigen Krematorium. In diesem Moment sind Sie ein Jemand, der zu Lebzeiten eine möglichst hochwertige Ware erwirbt, die Übergabe selbst aber nicht kontrollieren kann. Damit sind Sie ein viel umworbener Kunde. In Zeiten, in denen der Tod zum Geldverdienen herhalten muss, mutet es bizarr und blasphemisch an, menschliche Verbrennungsanlagen gewinnbringend und neu zu interpretieren. Im Buch »Drei Liter Tod: Mein Leben im Krematorium« von Juliane Uhl erzählt diese sehr einfühlsam und mit großer Tiefe über das Lebensende.

»Friede seiner Asche« ist hier Achtsamkeit.

An einem nasskalten Tag haben wir das größte Krematorium Sachsen-Anhalts in Halle besucht. Wie modern benennt man heute ein Krematorium? In Frankreich wäre »Creperie« möglich, in Halle kommt uns der Name auch sehr poetisch daher als: »Flamarium«. Klingt wie Blumenladen, bei 1.000 Grad blüht ja wirklich alles auf und heißer kann es auch in der Hölle nicht sein.

Ich glaube, dass es letztendlich darum geht, den Tod lebendiger werden zu lassen, denn der Tod, noch dazu der eigene, ist eine ernste Angelegenheit – und das Ende unserer Tage schieben wir alle möglichst auf die lange Bank. Apropos: Wie lang ist sie eigentlich, diese Bank?

Unser kleines Fernsehkollektiv durfte der Werbefachfrau des Krematoriums über die Schulter schauen. Nein, wir brauchten nicht zur Kaffeefahrt nach Tschechien aufbrechen, um in einem Krematorium bei einer Tasse Bohnenkaffee der Schau eines Brennvorganges beiwohnen zu dürfen. Tschechen und Holländer verfeuern viel günstiger. Ob Sie es glauben oder nicht, in Halle, im privatisierten Flamarium, wird das Geld nicht etwa verbrannt. Seit die Krematoriumswerbefachfrau angestellt ist, wirft es Gewinn ab. Draußen, im richtigen Leben arbeiten die Menschen, und das Geld wird verbrannt, hier im Krematorium läuft es andersherum: Der Mensch verbrennt und das Geld arbeitet. Mehr noch, es gewinnt an Wert durch den Brennwert. Ablasshandel modern. Es war spannend, Frau Uhls Erklärungen zu lauschen, aber der Kabarettist ging sogleich mit mir durch. Schlossen früher die Menschen Verträge bei Lebensversicherungen ab, raten heute seriöse Unternehmen zur Sterbeversicherung. Mitunter muss die Oma länger leben, bevor sie dran glauben kann und von der Familie zur Ruhe gebettet wird. Nämlich erst dann, wenn die Versicherung Bescheid gegeben hat.

Also leben die Menschen für den Tod ?

Nein, sie leben nicht, sie sparen. Spare in der Not, dann liegt sich's später besser tot.

Während wir durch die Kühlhallen liefen, bemerkte ich einen Umbau im Ofenbereich.

Ob am Hause angebaut wird, wollte ich wissen. Frau Uhl verneinte und erklärte uns, dass immer mehr Menschen adipös seien. Somit müssten Särge verstärkt und Feuerluken vergrößert werden.

Und außerdem wird das Gas immer teurer, und weil das Fett die Flammen löscht, steigt auch an diesem Ort der Energiebedarf stetig.

Fast seelsorgerisch erzählte sie vom Abschiednehmen. Wer ist da, wenn einer geht? Wer hält die Hand, streichelt den Sterbenden? Menschen aller Länder, streichelt euch!

Streichelt euch! Das ist eine weitere These lange nach Luther. Luther selbst hat diese vermutlich selbst formuliert. Verloren ist sie ihm gegangen, gestohlen das Papier. Von Müntzer?

Frau Uhl war mit uns inzwischen in der großen Trauerhalle angekommen. Welch schöner Begriff.

Kann sich aber nicht jeder leisten, manch Erdenkind muss in die kleine Trauerhalle ausweichen, weil die Sterbeversicherung nicht so üppig ausfällt: zu kurz gespart.

Frau Uhl erzählte uns von einem beeindruckenden Besuch. Sie war zu einem Bekannten unterwegs, der lag im Sterben. In der Stunde seines Abschieds flackerte eine Kerze. Die Fenster waren geschlossen und sie war mit dem Sterbenden allein im Raum, aber es fühlte sich an, als schreite noch jemand im Raum umher. In dem Moment, als der letzte Atemzug den Brustkorb senkte, als die Seele entwich und der Leichnam drei Gramm leichter ward, in diesem Moment erlosch auch die Kerze. Der Tod löschte das Licht.

Benommen löschten wir die 25 Kerzen und verließen das Flamarium.

Nichts ist spannender als die Wirklichkeit. Im Vorraum sah ich ein Regal, darin 25 Überurnen, die Tagesausbeute sozusagen. Am Regal angebracht war ein Schild: »Rauchen verboten!« Darunter stand ein riesiger Aschenbecher, dieser randvoll mit Zigarettenkippen. Frau Uhl lachte und beschwor mich sanft: « Nicht filmen, sonst bekomme ich Ärger.«

Ich erinnerte mich an die Antwort eines 104-Jährigen, gefragt, wie man so alt werden kann. »Einfach nicht sterben.«

Als Martin ein kleiner Junge war

500 Jahre Reformation, 500 Jahre Thesenanschlag zu Wittenberg. Genau am 31.10.2017

Im Zuge der Beschäftigung mit Martin Luther, der ursprünglich Luder hieß, fanden Wissenschaftler hochinteressante Fakten über Luthers Kindheit heraus.

Luther beschäftigte sich frühzeitig mit Religion, er rätselte.

Das Kreuzworträtsel hat er zwar nicht erfunden, das war Erasmus von Rotterdam, aber die am häufigsten gestellte Frage im Kreuzworträtsel zur damaligen Zeit war: Absichtsloses dahindämmern (waagerecht 5). Dämmert's bei Ihnen? Hätten Sie es gewusst? Genau, die Antwort ist »Dösen«. Und die Thesen (sächsisch: Desen) spielten in Luthers Leben später eine nicht unwesentliche Rolle.

Margarete, Luthers Mutter, verhätschelte und verdätschelte Klein-Martin sogar am Mittagstisch. Wie oft sagte sie zu Luthers Vater Hans: »Hans, höre off zu knaupeln an dem Federvieh, Hans, das ist Martins Gans.« Die Übersetzung der Bibel begann später auch in der Weihnachtszeit.

Nun werden viele von Ihnen sagen, dass sich das der Steimle ausgedacht hat, das mit der Gans sei eine Ente.

Mitnichten, zu Wittenberg gingen noch ganz andere Thesen verloren, z.B. am 21.12.1521 auf der Wartburg zu Eisenach in Folge von Darmträgheit die 96. These: »Flutschen muss es.«

In der Lutherstadt Eisleben ist vermutlich aus diesem Grund Luthers Latrine untersucht worden. Ergebnisse stehen noch aus. Daran sehen Sie aber, uns interessiert nicht nur Luthers Latein, nein, auch Luthers Latrine.

In Wittenberg gibt es eine große Anzahl von Devotionalien, denn viele Leute können zwar lesen und schreiben, tun dies aber nicht. Daher Luthers geistige Nahrung in Form von: Luthers Buchstabensuppe, Lutherhappen (wahlweise Schoko oder Wurst), Luthers Tinte (Schnaps) und Luthers Socken beschriftet mit: Hier stehe ich, ich kann auch anders.

Meine Lieblingsstücke im Devotionalienreigen sind: Luthers Kaffeebecher und das große Reformationsquiz »Luther to go«, das Mosaiksonderheft »Luther unter Druck« und die Lutherbadeente.

Eindeutig Weltkulturerpel.

Heinz Plank

Weltliches Scheitern

Das Ende vom Anfang oder umgekehrt? Ich glaube letztendlich und immer an das Gefühl des Malers. Ein außerordentlicher Palettenbeherrscher, und das ist Heinz Plank unbedingt, zeigt uns im Bild sein Innerstes. So einer reißt sich die Brust auf, Schicht um Schicht häutet er eben nicht nur fein schattiert Mutter Erde. Nein, Heinz Plank zieht blank und offenbart sich. Hoch differenziert malen sich Ocker, Gold und unzählige Rotabstufungen in mein Herz. Ich sehe Tiefseefarben wie Ozeangrün, die, da die Erde gleich birst, sie (die Erde) wegfließen will, aber nicht ins Nichts, das geht ja auch nicht, denn das Bild endet am Rahmen, sondern wegfließen will zum Echsenpanzer aufgetürmt und dann … verwandelt sich das Flüssige wieder in Festes. Ich bitte Sie: Wer kann so etwas malen, geschweige erfinden? Bei Heinz Plank, dem übervollen Herzensgeist, durchsprudelt sich alles ganz selbstverständlich. Keiner ruft: »Schaut, was ich kann!« Alles ist konkret, alles malerisch erfüllt, durchfühlt, durchflutet. »Eins mit Sternchen, setzen«, möchte ich rufen. Der Michelangelo der Neuzeit malt in der höchsten aller Kategorien Öllasur. Sein Schwarz des Weltalls gibt mir Mut. Und wenn uns in Kürze der Laden hier um die Ohren fliegt, gucke ich auf Heinz Planks Bild und möchte ketzerisch rufen: Lieber heute als morgen. Sehnsucht nenne ich das Codewort. Auch jedem Ende wohnt ein Zauber inne, lieber Hermann Hesse.

Ja, hier hat einer einen Plan, einen Traum. Mit Mut und willig malt der Philosoph, wovor uns allen graut. Ein warmes Schwarz. In ihm mündet alles Leben. Michael Ende hatte Angst vor dem Nichts, Heinz Planks Gegenentwurf schildert mir die Erdgeschichte als endgültige Hoffnung. Auch Scheitern kann schön sein. Dank Plank. Das All schweigt. Schweigendes Scheitern. Dank Plank.

Und trotzdem beschwört er uns, muss das alles so sein? Muss sich der Davidstern im Hakenkreuz begegnend auflösen? Umklammerungen, schwebendes Festhalten, Fluss. Aus Fingern werden Penisse, aus Knochen Gerüste. Aus Augen sehen plötzlich Höhlen, aber auch aus Höhlen sehen Augen.

Furchtbar schön. Schädel bersten und sind weichweiß schattiert, das Mitgefühl muss schon im Malen Heinz Plank übermannt haben. Lava zu Blut. Blutpulsierende Lava, feinschwarz durchzogen.

Elefantengebirge platzen vorm Rüssel und im Zentrum des Bildes dieses milchigweiße Gehirn, genannt Geist, gemalt in zärtlichstem Perlmutt mit einem explodierendem Alphazeichen zeigt es uns den Weg. Auflösung. Vor dem Explodieren kommt das Implodieren. Oder umgekehrt?

Ich habe den »Bildenden Künstler« lange nicht so innig gefühlt wie in diesem großen Wurf.

»Weltliches Scheitern«. Heinz Plank spricht mit mir auf merkwürdige, denkwürdige und gefühlvolle Weise. Wollten wir sehen … wir müssten nur schauen … wollen. Auf geht's!

Der Eichendorff unter den Malern, das ist für mein Fühlen: Heinz Plank.

Plank malt: »Such ich auf neue Leiden nur bedacht, im Hoffnunglosen meines Glückes Ziel.«

Moderne Romantik? Nie war Romantik so wichtig und erfüllend wie heute.

»Jetzt, wo die Zukunft Wirklichkeit wird, haben wir in Wirklichkeit keine Zukunft mehr.«

Macht nichts. »Weltliches Scheitern« tröstet. Amen.

Luthers Oktoberfest. Eine These

Seit der Hochzeitsfeier von Prinzessin Therese, einer Sächsin, die in München von Kronprinz Ludwig im Jahre 1810 geehelicht wurde, besaufen sich die Münchner jährlich aus lauter Heiterkeit noch heute auf dem Festgelände der Theresienwiese. Und weil die Hochzeit im Oktober stattfand, heißt's Oktoberfest, jedoch schon im September startet das barocke Besäufnis. Seit sage und schreibe 216 Jahren bescheren die Münchner den Brauereien, Investoren und Bierhallenbesitzern sagenhafte Umsätze. Bis zu einer Millarde Euro. Eine Millarde Euro in zwei Wochen, das ist »Manchen sein Ganzes«.

Sie wollen jetzt endlich wissen, was das mit Luther zu tun hat: ein Prosit! Ein Prosit, der Gemütlichkeit, wer hat diese Hymne mit Anspruch erfunden? Genau! Bier, Weib und Gesang: alles grundtypische sächsische Erfindungen, ohne die es die Wiesn gar nicht gäbe. Aber da wir Sachsen von Hause aus bescheiden sind, lassen wir das Volk mit dem beliebtesten Dialekt in dem Glauben, sie hätten die am längsten dauernde Hochzeitsfeier erfunden. Getreu dem Bayerischen Landesmotto und frei nach Wilhem Busch : »Bescheidenheit ist eine Zier, doch weiter kommt man ohne ihr«, oder kürzer: »Mir san Mir«, geht es auf der Wiesn tatsächlich um Devisen. Das war jedenfalls mein Eindruck nach drei trüben Bier in fünf Stunden. Es war mein bisheriger Weltrekord. Ich besoff mich mit Schaumigem und ab 22.00 Uhr plumbde ich nur noch Kaffee, bekam aber keene Dresche angeboten, wurde nur gefragt, ob ich noch normal sei. Diese Welt, dieser Ort Oktoberfest ist schön durch die Menschen, die es zelebrieren und organisieren. Logistisch eine deutsche Meisterleistung. Ingenieurtechnisch, bautechnisch, versorgungsmäßig sowieso unfassbar. Ich zolle großen Respekt, mit welcher Perfektion dieses scheinbar beseelte Devisenbeschaffungsfest abläuft. Acht Hallen, auch Zelte genannt, dazu echt bayerische Pfannkuchen nach Crepesart, mir wird schwindelig. Mein Freund Helmut Schleich zeigte mir seine Wiesn, heißt, ich war Gast auf einem Platz in einer Box, der schon Jahre vorab reserviert und bezahlt ist. Der erste Mensch, der uns auf der Wiesn entgegenkam, war Max Strauß. Der freute sich, seinen »Vater« auf der Wiesn zu treffen und so begrüßten sich Sohn und Vater Strauß-Schleich, der den Franz Joseph Strauß und SEINE CSU mit viel Liebe und Freude ins Kabarett bringt, ihn weiterleben läßt. Und SEINE CSU, SEINE CSU! Im Schleich, das ist Kubikzentimeter gefüllt mit katholischer Erdverbundenheit, und damit der komplette Gegensatz zum selbstzweifelnden Protestanten, in dessen Begriff zwar das Wort Protest steckt, aber eben auch Tanten. Hier Wille zum Leben, pure Fröhlichkeit in Form von saufen, da ungläubiges Staunen in Form meiner Person, die immer fragt: Warum? Es gibt aber kein: »Warum«, es wird gesoffen auf Gott komm raus.

Da ist die Wiesn halt asphaltiert, und da wird halt nur noch bei Augustinerbräu das Bier aus dem Holzfaß serviert. Das letzte Fass des Abends durfte ich anstechen. Mein erstes war's und nach zwei Schlägen und es war getan, ich jedoch war nass von oben bis unten. 13,4 % Stammwürze und meine 5,6 % Alkoholvolumen, ein Wiedehopf im Hopfensegen. Als meine Brille wieder geputzt war, fiel mein Blick auf ein Schild am Schanktisch: »Nur volle Maßkrüge verlassen den Schanktisch.« Ich insistierte Helmut, wies auf die vielen halbvollen Krüge hin. Jetzt offenbarte er mir das nächste Geheimnis des Oktoberfests. »Halbvolle Krüge? Uwe! Schaum ist auch Bier! A bisserl was müssen die Wirte doch auch verdienen.«

Die Maß zu 10,40 €, also genaugenommen 20,80 €, macht 41,60 DM. Das sind mindestens 120 Ostmark, und wieder einmal wurde mir bewusst, das mit der DDR konnte nichts werden. Außerdem durfte das Bier in der Gaststätte nicht teurer sein als zuhause, damit ja niemand daheim alleine trinken muss. Heutzutage ist Schaum auch Bier, der Schaum also bestimmt das Bewusstsein, das Halbe als Ganzes bestellt … ist das Maß aller Dinge, zumindest in Bayern. Von alldem war ich tief beeindruckt und vernahm zum hundertsten Mal: Ein Prosit …, ungefähr siebzig Strophen habe ich an diesem Abend mitgesungen. Aber irgendwann ist zu viel Gemütlichkeit ungemütlich und ich sehnte mich nach Ruhe und Andacht. Der Schaum gehört zum Bier wie der Puderzucker zum Stollen. Schlau sind die Bayern, lebenslustig und nur ein ganz klein wenig scheinheilig, denn seit 1576 beten sie den Schutzheiligen Bischof Benno an. Die Gebeine von Bischof Benno haben 1576 in Meißen gelegen, nach der Reformation haben die Sachsen den Knochenhaufen entsorgt, besser gesagt, Richtung München verkauft. Wir Sachsen hatten die Reformation bereits … Aber es gilt natürlich auch: Wer lange genug altmodisch ist, wird irgendwann wieder modern.

Schaumig, blumig, friedlich – jedenfalls saß Luther immer mit am Tisch und fünf Maß Bier für insgesamt 600 Ostmark, das wäre auch über Luthers Vorstellungskraft gegangen.

Aus dem Osten kommt das Licht. Stimmt, auch biertechnisch gesehen, denn wir sind ganz einfach eher wieder nüchtern.

Jetzt habe ich zweifelsfrei bewiesen, dass die Wiesn ganz ursächlich mit der Reformation zusammenhängt. Ohne Luther kein Oktoberfest, denn ohne Reformation läge Bischof Benno noch unentsorgt in Meißen. Und bei wem sollten die Münchner dann Schutz suchen, die Schäumigen, Entschuldigung, die Gläubigen?

Im Übrigen: Thesen müssen nicht bewiesen werden!

THESE 98

Kein Getue, kein Gemache

Flagge zeigen

Punkt, Punkt, Komma, Strich

Normalerweise liebe ich die grauen Tage. Nicht grau genug kann es sein, das neblig-verhangene, dunstigschwere Elbtalgrau, welches den Spätseptember auszeichnet und welches später, im November, die Hand vor Augen verschwinden lässt. Nebelschlussleuchtenwetter, selbst in der Innenstadt. Liebe Leser, wenn Sie das Grau ahnen oder fühlen, dann begleiten Sie mich jetzt vom Pirnaischen Platz in Richtung Elbe, linker Hand vorbei am Polizeipräsidium, und rechts steht ein traurig schönes Hochhaus, das zierte einst die Aufschrift: »Der Sozialismus siecht«. Das Banner ist nicht mehr am Haus, aber wir sehen eh weder das Hochhaus noch das Polizeipräsidium, es ist ja neblig. Schon wieder wabert eine elbtalschwere Grauwolke über die Rosen vor der Synagoge und verteilt bromhaltige Luft über alles. Nie wollte und will ich weg aus dieser Stadt, ich liebte mein Dresden bereits für immer und ewig, als mein Elbflorenz noch in braunen Braunkohlenmief getaucht war.

Mir stockte der Atem, das riesige Wahlplakat der Linken, aufgehängt kurz vor der Bundestagswahl, zeigte

Gregor Gysi. Auf seiner Stirn: der Stern. Unmissverständlich, zwischen Polizeipräsidium und Synagoge. »Gysi mit Davidstern, Merkel mit Führerbärtchen, das macht man doch nicht, fourschbar!« Ich besorgter Bürger dachte außerdem, dass dieses Plakat wieder einmal alle Vorurteile bestätigt. Dresden ist nicht nur grau, sondern auch braun. Aber täglich fahren und gehen hier mindestens 10.000 Menschen entlang, ich war ganz sicher, dass irgendeiner von denen diese unanständige und verunglimpfende Peinlichkeit entfernt. Falls jedoch keiner meiner Mitmenschen stehenbleibt oder aus Straßenbahn und Auto aussteigt und entfernt, was entfernt gehört, dann eilt spätestens in einer Stunde die Staatsmacht aus der Schießgasse herbei, beim Streifelaufen fällt der solch Schweinerei auf und wird sogleich abgehängt. Politische Gegner zu verunglimpfen gilt meines Wissens als Strafbestand, zumindest als Unanständigkeit. Und dagegen hat der Streifenpolizist aus Anstand heraus schon seinen Befehl gefunden und entfernt Stern aus Gysis Gesicht und das Bärtchen vom Merkelplakat, Nähe Körnerdenkmal, gleich mit. Ich hatte also mit der ganzen Angelegenheit nichts zu tun, es gab genügend Gründe, Zeit und genug Menschen, die handeln konnten. Falls die Polizei, da unterbesetzt, nicht gleich handelt, gibt es noch die Synagogenmitarbeiter, der Judenstern gehört ja quasi dahin. Punkt.

Ganz plötzlich bin ich wieder ganz bei Luther, der mit ganzem Herzen predigte: »Iss, was gar ist, trink, was klar ist, und red, was wahr ist.« Wahr ist: Das Wahlplakat hing drei Tage und drei Nächte am Pirnaischen Platz. Jetzt wollte ich ehrlich zu mir sein, Zivilcourage zeigt sich nicht durch Labern, sondern durch Tun. Allein … allein reichte ich nicht bis zu Gregor ans Haupt, zu hoch hing das Plakat und mir fehlten unter anderm auch die langen Arme. Also fuhr ich zu meinem Freund Konrad. Gemeinsam kehrten wir im Dunkel und bei strömendem Regen zurück. Mit Hilfe der bewährten Räuberleiter malten wir den Stern um zu einem Punkt. Hinterher, als das Adrenalin wieder aus dem Körper war, fiel mir ein: Hätte uns in diesem Augenblick die Polizei erwischt, wir zwei wären die Sachbeschädiger gewesen. Für dieses Plakat jedenfalls hatten wir Dresdens guten Ruf wiederhergestellt, und ich konnte Konrad den Tapferen überreden, noch ein weiteres Plakat zu übermalen. Weberplatz, Studenteneinzugsgebiet. Räuberleiter andersrum, Konrad ist Maler, also bepunktete er den Gysi und ich war Leiter unter ihm.

Wir wurden doch noch erwischt.

Als Konrad den Punkt fast vollendet hatte, kam eine Studentin um die Ecke. Sie trug einen Sari und auf der Stirn den roten Punkt, und als sie uns Räuberleiterganoven beim Malen sah … Kopfschütteln.

Ihren Blick werde ich nie vergessen, meinerseits war jede Erklärung zwecklos, jetzt waren wir auch noch in die Indien-Antisemitismus-Falle gerutscht. Des Hindi bin ich nicht mächtig, und wie erklärt man so eine Situation generell? Mit: »So geht sächsisch« oder »Gysi ist ein verheirateter Mann«? Als unsere Zeugin nicht mehr zu sehen war, lachten wir aus vollem Halse über die ungeheure Situation, und ich wusste, hier hatte Gott, der große Unsichtbare, seine Hand im Spiel.

Lassen Sie mich zum Schluss noch Folgendes erzählen: Am 7.10. wurde nach jüdischem Glauben die Erde erschaffen. Am 7.10. war Gründungstag der DDR. Am 7.10 hat Putin Geburtstag. Und jetzt raten Sie: Wann hat sich die gerade erzählte Episode abgespielt?

Richtig, am 20.9. An dem Tag im Jahr 1522 endete Luthers Übersetzungsarbeit der Bibel aus dem Altgriechischen ins Deutsche. Er endete mit den Worten: »Hier stehe ich, ich kann auch anders.«

Der eigentliche Grund, Ihnen die Geschichte zu erzählen, ist ein sehr persönlicher.

Einer, dessen Name ich nicht nennen werde, da Gleiches nicht mit Gleichem vergolten werden kann und Rache mir fern ist, betitelte mich kürzlich in einer Zeitung als völkischen, antisemitischen Jammerossi. Worte sind wie Pfeile und bohren das Fleisch. Achten wir auf unsere Worte, mit ihnen fängt alles an.

16. Mai, Kartoffelbrei! Ein Gespräch im Lutherhof

Uwe Steimle trifft Friedrich Schorlemmer

Uwe: So, Lutherstadt Wittenberg, hier wird gearbeitet zu den Festivalitäten, die nächstes Jahr stattfinden, und übrigens, bevor ich in den schönen Wohnwagen gehe: Ich wollte nur noch mal gesagt haben, die Martinsgans verdanken wir auch Martin Luther, denn der aß sehr gern welche. Es hat eben alles Ursachen. So. Jetzt bin ich gespannt: Nein, also das glaubst du doch nicht! Friedrich der Weise. Ganz herzlich willkommen.

Friedrich: Willkommen.

Uwe: Also, muss ich sagen, lieber Friedrich. Ja, jetzt ist schon zu, die Buchte, herrlich.

Friedrich: Wir sind gar nicht mehr eingesperrt! Weißte wohl gar nicht. Wir sind nicht mehr eingesperrt!

Uwe: Nein, aber Zwang macht frei, sagt ja Sartre.

Friedrich: Zwang macht frei, wenn man sich die Freiheit nimmt! Vor allem, Leute haben ja manchmal Freiheiten nur scheinbar. Sie denken, Sie hätten die Freiheit, wissen gar nicht, an wie vielen Drähten sie hängen.

Uwe: Ist auch richtig.

Friedrich: Ich denke, dass manchmal das richtige Freiheitsgefühl erst dann aufkommt, wenn man weiß, an welchen Ketten man gehangen hat. Ja, man muss gewissermaßen, manchmal braucht man das Erlebnis der Freiheit, braucht ein Stückchen Erkenntnis-Zwang. Schlimm ist, wenn man in einer Gesellschaft lebt, die frei ist – und erkennt den Zwang gar nicht, sondern ist nur gezwungen.

Uwe: Also, da muss ich erst mal … also entschuldige … da brauch ich erst mal einen Luther-Happen drauf.

Friedrich: Was ist denn das? Luther-Happen? Hast du hier?

Uwe: Ja, es gibt ja auch geistige Nahrung. Und ich habe mich hier in Wittenberg umgesehen, darf dir einen überreichen … weil, man muss auch was essen. Der Mensch muss auch was essen. Und Martin Luther war ja nun ein großer Esser vorm Herren und Luther-Happen gehören zu Wittenberg, also das ist ja …

Friedrich: Ja, aber Luther war doch kein Menschenfresser.

Uwe: Nee, Menschen nicht, aber Schokolade, geistige Nahrung.

Friedrich: Ach so, da ist kein Luther drauf, gut … sonst bin ich nämlich kein Menschenfresser, aber gut ja.

Uwe: Es wird hier alles vermarktet. Es wird alles zu Geld gemacht. Das ist mir aufgefallen. Sehr schön wird die Stadt hergerichtet, aber was die alles hier zu Geld machen, meine Fresse, wenn das der Luther wüsste …

Friedrich: Wenn der das wüsste, ja. Aber ich wüsste, wo er hingeht. Er würde in sein Gärtchen gehen und sagen: Wo ist denn der Garten geblieben?

Ist ja alles Beton hier! Und Cranach könnte sich freuen. Im Cranach-Haus gibt es eine richtig schöne Ausstellung zur Sache! Wirklich, Markt 4, wunderbar, wunderbar! Da kommst du an die Welt Cranachs ran und an einen großen Maler. Oder du gehst, was du wahrscheinlich überhaupt gar nicht weißt, weil dir keiner was erzählt, ja, Uwe Pfeifer. Hast du den Namen mal gehört, Uwe Pfeifer? Uwe, musst du ja wissen!

Uwe: Also, Entschuldigung, Uwe Pfeifer aus Halle ist ein großartiger Maler, ich bin befreundet mit dem. Uwe Pfeifer!

Friedrich: Mensch, das spricht ja für dich!

Uwe: Ich dachte für uns, für uns alle!

Friedrich: Uwe, ja, wir haben eine großartige, ständige Galerie in Halle, und der hat ein Bild gemalt 1983. Luther am Tisch, so eine Art Triptychon. Das gab damals großen Ärger. Das ist jetzt hier in Wittenberg in der Leucorea, also dem Wurmfortsatz der Universität. Und da ist in einem Raum das Bild. Also das, wenn du nach Wittenberg kommst, das Bild musst du dir mal angucken! Da sitzt Luther mit Che Guevara am Tisch und mit SED-Funktionären und mit jungen Leuten, die sich interessieren.

Uwe: Mit wem würde er heute sitzen?

Friedrich: Na, mit mir natürlich! Und dich würde ich mit dazu nehmen. Du bist ja Volk, weißt du, und ich würde auch noch jemanden mitnehmen, der noch, der noch …

Uwe: Vielleicht ein Bänker wäre noch gut!

Friedrich: Na, Volker vielleicht nehm ich noch mit. Ein Bänker auch, ja, und einen Volker.

Uwe: Welchen Volker?

Friedrich: Ein Volker, wir sagen, wir sind das Volk und ich bin Volker.

Uwe: Volker Braun wäre auch eine Möglichkeit.

Friedrich: Ausgezeichnet wäre der, der hat ja ein wunderbares Buch geschrieben. »Der helle Haufen«, in dem er die Aufbruchsbewegung der Bauern aus dem Mansfeldischen und der Knappen aus dem Mansfeldischen, nun also in der Zeit von Bischofferode und der Übernahme durch den Westen, nacherzählt.. Da kommen auch die ganzen Bürgerrechtler vor usw.

Uwe: Bei denen waren wir jetzt auch mal gewesen im Thomas-Müntzer-Schacht, da bin ich auch umgefallen, dass Thomas Müntzer … Wobei ich auch gleich sagen muss, also nichts gegen Martin Luther, ich weiß auch …, ich wage mich gar nicht …, jeder führt jetzt Martin Luther im Munde und ich nehme mich da ein bisschen zurück. Was mir bei Thomas Müntzer sehr gefallen hat, muss ich sagen, war dies: Wir müssen eine neue Welt machen. Das gefällt mir, also Anarchie, Revolution, das wäre vielleicht doch besser gewesen als Reformation?

(Lange Pause)

Jetzt werden wir ganz still.

Friedrich: Naja.

Uwe: Was darf ich zum Trinken anbieten?

Friedrich: Mal ganz kurz.

Uwe: Wir wollen auch noch essen!

Friedrich: Das, was man dann Oktoberrevolution genannt hat. Moment mal, die wollten keine Revolution, die haben die Menschewiki, also die, die eigentlich Mehrheit waren, unterdrückt und weggejagt und haben eine der schrecklichsten Herrschaften der Weltgeschichte errichtet.

Uwe: Nee, das war genauso furchtbar.

Friedrich: Ich wollte nur sagen, eine Reform unter Kerenski wäre besser gewesen als ein Putsch mit dem Lenin, der gar nicht dazugehört hat, der hat in Zürich gesessen …

Uwe: Dem ging es ja schon gut …

Friedrich: … der wurde ja auch vom Deutschen Generalstab noch bezahlt, seine Reise dahin, damit ein bisschen Chaos entsteht in Russland. Der deutsche Generalstab versprach sich davon militärisch Einiges und hat es dann auch bekommen. Ich wollte nur sagen, wenn es um Reform oder Reformation geht, muss ich sagen, es muss eine Reform an Haupt und Gliedern geben, aber nicht eine, die ein Chaos gebiert und die Rechtlosigkeit zum Alltag macht.

Uwe: Aber wenn doch die Reichen gar nichts freiwillig abgeben wollen, wie wollen wir sie zu einer Reformation bewegen?

Friedrich: Dazu braucht man immer, wenn es gut geht, einen Rechtsstaat. Einen Rechtsstaat, der gleichzeitig für Frieden und Gerechtigkeit sorgt.

Uwe: Haben wir das?

Friedrich: Für Frieden nach außen, nein, haben wir natürlich nicht. Wir haben ein Auseinanderklaffen der Schere, das ist richtig.

Uwe: Und das darf niemand merken. Also mich erinnern die Zeiten schon ein bisschen sehr an Luthers Zeiten. Wenn wir von Ungerechtigkeiten sprechen …

Friedrich: Ja, das hat mich an 1989 erinnert, aber da haben wir uns auch für Freiheit und Gerechtigkeit eingesetzt. Manche haben dann nur gedacht, Demokratie ist Freiheit derer, die haben, die die Freiheit haben, noch mehr zu haben. Wir sind eine Gesellschaft, in der ein Teil der Gesellschaft gewissermaßen ausgemustert ist. Die kann man vernachlässigen …, aber das ist für unsere Gesellschaft nicht gut. Für unser sehr reiches Land nicht gut. Also: lieber eine konsequente Besteuerung als Gewalt.

Uwe: Das wäre fantastisch, aber das sehen wir ja auch, dass es auseinanderbricht. Darf ich etwas Kleines hier anbieten, dass es nicht nur heißt, wir haben nur gesprochen? Ich hätte Wasser.

Friedrich: Reines Wasser, reines Wasser!

Uwe: Reines Wasser.

Friedrich: Nicht nur klares, ja? Reines Wasser.

Uwe: Ich habe sogar ein Glas, ich fass es auch unten an, damit es nicht angedatscht wird, wie der Sachse sagt. Was hast du hier für ein Mordinstrument dabei? Eine Sichel?

Friedrich: Ja, darüber rede ich gleich noch, das kommt gleich noch. Darauf kommts an.

Uwe: Da trinke ich auch ein Wasser mit. Und ich habe hier sächsische Urknacker nach einem Rezept von Luther. Also die sind nicht so alt, aber der Körper nimmt sie dankbar an. Die macht ein Blutwurst-Ritter im Erzgebirge.

Friedrich: Ist das Schokolade, oder?

Uwe: Nein, nein! Richtig! Die kann man fressen, hätte Luther gesagt.

Friedrich: Sind das ökologisch erzeugte? Also, da musste kein Tier dafür sterben? Meine Enkel wollen nicht, dass ich esse, dass Tiere für mich sterben müssen.

Uwe: Du bist ja selbstbestimmt. Iss.

Friedrich: Das dürfen meine Enkel nicht sehen, wenn ich hier einen Knacker esse.

Uwe: Du willst keinen?

Friedrich: Hast du ihn angemehlt?

Uwe: Nein, nein, das ist, wie sagt man, Schimmel.

Friedrich: Eine Art Schimmel?

Uwe: Ja, aber guter Schimmel, also einer, den man machen kann. Wir hauen die mal in der Mitte durch. Hast du ein Messer dabei?

Friedrich: Nee, Messer habe ich nicht mit, glaube ich. Doch, na klar, habe ich ein Messer! Was ist ein deutscher Mann ohne Messer!

Uwe: Ich wollte gerade sagen, ansonsten hätte ich hier eins. Einen Kaffee?

Friedrich: Nee, ich möchte mein Schweizer Messer haben. Wer weiß, wozu ich das noch brauchen kann.

Uwe: Gut, die kannst du dann mitnehmen, die seien dir übereignet.

Friedrich: Aha.

Uwe: Die lassen wir vielleicht, die lege ich hier auf den Teller, damit sie nicht dreckig werden. Nichts ist furchtbarer als dreckiges Gelumpe.

Friedrich: Ja, also Luther hat übrigens, um noch mal drauf zu kommen, der hat auch damals gesagt: Das machen die Herren selber, dass das Volk ihnen gram wird. Und er hat denen wirklich ins Gewissen geredet, hat aber auch dem Müntzer ins Gewissen geredet, der meinte, er führe jetzt das erhoffte Gottesreich herbei, und das mit seinen schlecht ausgebildeten …

Uwe: Bauern.

Friedrich: Das klebt so ein bisschen, was ist denn das? Kann man das mitessen?

Uwe: Alles, man kann alles, die sind abgehangen, ach so gut, wenn du … also du zweifelst an meiner Gabe.

Friedrich: Nein, ich verlasse mich auf das, was ich sehe, und nicht darauf, was andere sagen.

Uwe: Oh, jetzt bin ich schon andere, gut!

Friedrich: Ja, andere sind immer die anderen.

Uwe: Es ist generell, es sind immer die anderen, man hat nichts damit zu tun.

Friedrich: Na ja gut. Und ohne Brot oder wie?

Uwe: Ich habe Semmeln. Aber das sind keine guten, also das sind welche mit Luft. Wollen wir sie mit Senf dazu?

Friedrich: Mit Luft will ich nicht. Also ich bin ein Brötchen-Nationalist. Ein ostdeutscher Brötchen-Nationalist.

Uwe: Gibt es in Wittenberg noch richtig gute?

Friedrich: Ja, ja.

Uwe: Einen richtigen Bäcker?

Friedrich: Nee, auch eine größere Kette. Aber die machen Brot wunderbar mit Sauerteig, dass du's auch merkst, auch Brötchen, die nicht aufgeblasen sind, ja. Also, ich entschuldige mich für meine Skepsis: schmeckt!

Uwe: Grüner Wald. Ritter der Blutwurst. Also ich habe nicht geschwindelt. Moment, an alles haben wir gedacht, Servietten, hmm. Was hätte Luther gemacht?

Friedrich: Servietten gibt es nicht! Toilettenpapier musst du dir aus dem Westen mitbringen. So war das, vergiss das nicht!

Uwe: Nee, ich durfte nicht dahin. Aber, ich muss mal gucken. Nee, hier ist auch nichts. Gut, das merke ich mir fürs nächste Mal: Servietten. Das ist das A und O.

Friedrich: Also, viele Westdeutsche, die uns besucht haben, die haben sich ihr Toilettenpapier mitgebracht, weil sie ja so verwöhnt waren. Während wir sozusagen Papier gewöhnt waren.

Uwe: Wir hatten einlagig. Es gibt Leute, die haben 3-4-lagig, sonst geht es gar nicht los! Kaffee oder Tee?

Friedrich: Tee.

Uwe: Ja, da gucke ich, wo es drinne ist, Sekunde.

Friedrich: Grusinischen, bitte, grusinischen.

Uwe: Da steckt das Wort Gruß drinne.

Friedrich: Keine Serviette da. Ich habe gedacht, wir können es elegant überspielen.

Uwe: Schmiere es am Kissen ab.

Friedrich: Nö, nö, ich nehm hier meine, das wollt ich zwar später erst öffnen, aber das, zum Thema Frieden, das muss ich eben dafür nehmen ja.

Uwe: Müssen wir die Beutel reinhängen.

Friedrich: So fettige Finger, das magst du doch auch nicht, oder? So fettige Finger.

Uwe: Nee, das ist furchtbar.

Friedrich: Ja, mit fettigen Fingern lässt sich nicht gut denken.

Uwe: Das ist ein schöner Satz! Mit fettigen Fingern lässt sich nicht gut denken. Das gefällt mir. Ist dir der gerade eingefallen?

Friedrich: Na klar.

Uwe: Das ist ein Geistesblitz! So, Moment! Jetzt setze ich das hier her, damit es hier nicht umfällt. Jetzt brauchen wir noch einen Teebeutel, wo haben sie mir die hingelegt?

Friedrich: Der muss aber bald rein, dass es nicht wieder kalt wird.

Uwe: Das ist doch alles … Oh ja, hier, hier! Lemon, grusinische Lemon.

Friedrich: Siehst du, doch grusinisch, na bitte!

Uwe: Na, also und also bitteschön. Ich fass jetzt mal hier rein, vornehm geht die Welt zugrunde –

und ich bleibe hier beim Kaffee, so! Ferdsch. Also ich muss sagen, ich koste mal so einen Wittenberger Happen, Luther-Happen.

Friedrich: Den nehme ich für meinen Enkel mit.

Uwe: Das ist gut.

Friedrich: Ich habe sechs Enkel, was meinst du, wie die sich streiten werden.

Uwe: Ja, kann man durch 6 noch teilen?

Friedrich: Klar, deswegen habe ich so ein kleines Messer, das kann man gut teilen.

Uwe: Aber für die Enkel hätten wir noch was Schönes, es gibt ja alles in Wittenberg, Luther-Schokolade. Also Luther zum Fressen gern, wenn ich dir die übereignen darf.

Friedrich: Oh was?

Uwe: Ja, ich habe mich hier ein bisschen umgetan.

Friedrich: Aha.

Uwe: Weil der Mensch lebt ja nicht nur vom Luther-Brot allein. Bitte sehr: Luther-Brot.

Friedrich: Vor allem mir, ja, ja. Das gibt es schon eine ganze Weile, also Wikana, nichts gegen Wikana, das war eine Keksfabrik hier aus Wittenberg, ja.

Uwe: Die war toll!

Friedrich: Und ich meine, wir hatten nicht Bahlsen, aber Wikana war auch gut.

Uwe: Der Körper hat's angenommen.

Friedrich: Ja, ja, ja, das ist sehr schön, ja, ich meine, das ist ja alles … Ach so, bis zum 11.03.17, bis dahin muss es verspeist sein.

Uwe: Da muss es weg sein, ja.

Friedrich: Ich hätte es sonst gerne bis zum Reformationstag aufgehoben und dann reingehauen. Aber das ist ja, ich meine, kannst ja nicht meckern, das ist ästhetisch was, das ist doch was, Mensch!

Uwe: Nee, und die Liebe allein ist eine Tugend, steht hier.

Friedrich: Ja, und aus ihr kommen alle anderen Tugenden, genau. Es gibt nicht nur Ursprungs- oder Wurzelsünden, es gibt auch Ursprungs- und verwurzelte Guttaten. Und die Liebe ist die Wurzel für Guttaten. Dem anderen Gutes tun, das ist es, dem anderen Gutes tun. Gewissermaßen, du bist ein freier Mensch, aber denk an die Leute, die nix haben! Denen es schlecht geht, sonst ist deine Freiheit nur eine egoistische, eine Form des blanken Egoismus. Erst kommt das Fressen, dann kommt die Moral!

Uwe: Bert Brecht.

Friedrich: Nee, das hat Bert Brecht von Marx, aber klarmachen muss man, er meinte damit Kritik an der kapitalistischen Gesellschaft, in der erst das Fressen kommt und dann die Moral. Die sagen aber den Leuten, nee, nee, nur Moral, und sie selber haben zu fressen. So ist das, kapitalismuskritisch gemeint. Und nicht dass er meinte, erst käme immer das Fressen, dann die Moral. Nee, ich meine, es geht auch um die Moral beim Fressen.

Uwe: Oh, da schneiden wir aber heute hier ganz schlecht ab.

Friedrich: Wir sehen jetzt ja keinen, der es wirklich noch braucht. Aber wenn ich die nun mitnehmen kann, kann ich das an mein Fahrrad hängen, und wenn jemand daherkommt.

Uwe: Ja, abgeben.

Friedrich: Der will eigentlich Geld von mir, ja. Dann gebe ich ihm eine Wurst. Und wenn er die nicht nehmen will, dann sage ich, er soll verschwinden. Dann sage ich, du bist nur Teil einer Bettel-Mafia.

Uwe: Ja, auch das gibt es ja. Ich sage erst mal Prost. … Gibt es eigentlich eine These? Oder anders gesagt: Was würde Luther hier sagen, wenn er das hier sehen würde? Sind wir weitergekommen? Sind wir noch auf dem Weg zu

Gott? Oder ist unser neuer Gott nur noch das Geld?

Friedrich: Dieser Gott ist schon sehr alt, denn Luther hat die Auslegung des ersten Gebotes, ich bin der Herr Gottes, es soll keine anderen Götter haben, reflektiert. Was es denn heißt, einen Gott zu haben. Und das würde er immer noch fragen. Was ist das, was dein Leben bestimmt, worauf du dein Vertrauen setzt? Was ist dein Lebensziel? Da sagt er, das kann das Streben nach Macht und nach Reichtum sein und nach Schönheit und nach großer Geltung und nach großem Geld. So, und da sagt er: Dies alles ist es nicht. So. Es geht um den Glauben, der in der Liebe tätig wird, darum geht es. Den Glauben an Jesus Christus, der in der Liebe tätig wird, der anderen die Füße wäscht etwa. So!

Uwe: Aber da sind wir bei einem ganz zentralen Thema. Es wird ja immer gesagt, dass im Osten, dass das eine einzige Wüstenei gewesen sei und da war Gott fern. Ich glaube, das ist mein Empfinden, gerade dort, wo Gott angeblich nicht ist, dort zeigt er sich am ehesten, könnte auch das sein?

Friedrich: Das ist immer wieder so. Er kann sich sogar … was Luther sich nicht mehr gedacht hätte, jedenfalls der Luther, sagen wir, seit 1521, dass die Zeichen des gelebten Glaubens ausgerechnet von einem Papst ausgehen könnten. Das hätte Luther sich damals nicht gedacht. Insofern sind wir doch weitergekommen. Wir haben gerade einen Franziskus, der sich an den Franz von Assisi anschließt und der als erster – und das nicht nur symbolisch, sondern real, der ist als erster nach Lampedusa gegangen, geflogen, und hat mit den Leuten geredet. Und versucht jetzt auch eine eigene Abteilung im Vatikan für Flüchtlingsfragen einzurichten. Und er hat real die Füße gewaschen, und zwar den Jugendlichen aus einer Haftanstalt, denen man die Füße ausdrücklich nicht vorher gewaschen hatte. Er hat wirklich schmutzige Füße gewaschen.

Uwe: Die waren fast wie Aussätzige, so sah das aus, das stimmt.

Friedrich: Er nutzt dabei auch die modernen Medien, die das verbreiten, das ist doch in Ordnung. Für das Richtige sollte man die Medien einsetzen, während sein Vorgänger, wie hieß der, Ratzinger, als der da in Köln auf dem Rhein war, hat er sich ja verhalten, als wenn er …

Uwe: Der liebe Gott persönlich wär.

Friedrich: Also, die Leute sind dann ins Wasser rein und haben versucht, ihn zu erreichen, dann hat er da also … Er ist leider nicht über das Wasser gegangen, das hätte er mal versuchen sollen.

Aber, das war es nicht! Das war es nicht, Benedikt! Aber das, was der jetzige Papst macht, das kommt 500 Jahre zu spät, wenn man will. Ja, der jetzige Papst, der fährt nach Südamerika, nach Mittelamerika und entschuldigt sich. Und er macht eine große Messe mit den Letzten, die übrig geblieben sind im Norden von Mexiko, und hält für die eine Messe und entschuldigt sich für das, was die europäischen Christen denen dort angetan haben. So!

Uwe: Oder in Auschwitz, wo er einfach geschwiegen hat, das fand ich auch großartig.

Friedrich: Ja, ein begründetes Schweigen.

Uwe: Großartig.

Friedrich: Er hat nicht einfach nur geschwiegen, weil er nichts zu sagen hätte, sondern das begründet, warum er schweigt, und dann hat er geschwiegen. Enorm. Also, ich wollte nur sagen, manchmal kommt Gott an Stellen, wo du ihn eigentlich nicht vermutest. Das hat auch Dostojewski in »Schuld und Sühne« sehr schön gezeigt, also dass die, die für die ganze Familie sorgt, sich damit zur Hure macht, in dem Roman na, welcher ist es denn? Fällt mir der Titel nicht ein … Na ja gut. Genau so auch Solschenizyn, der in seiner »Krebsstation« davon erzählt …von einer Frau, die dort für die Krebskranken tätig wird und so unter die Betten geht und den Staub wegmacht und den Dreck wegmacht und sagt: Ja, 2.000 Jahre Christentum – und nichts begriffen. Diese Krankenschwester, die hat was verstanden. Ja, auch im »Idioten« wird eine Person gezeigt, die wir alle für einen Idioten halten, und das ist eigentlich die Christus-Figur, die Dostojewski hier darstellt. Denn ich glaube, wenn Jesus wiederkäme, man würde ihn auch verlachen oder für verrückt halten und möglicher Weise auch wegsperren. Wie euch erreichen, wie euch erreichen? Eher kommt ein Kamel durch ein Nadelöhr als ein Reicher ins Himmelreich.

Uwe: Aber, das ist auch irgendwie, habe ich mir jetzt versucht anzulesen, falsch übersetzt worden. Weil Kamel heißt wohl dicker Faden, und das kommt schon eher der Sache näher. Ja, es ist falsch übersetzt worden, aber als Bild funktioniert es ja.

Friedrich: Nein, ja, das Bild meint eigentlich das … Da gab es ein Tor.

Uwe: Ja, in der Mauer, in Jerusalem.

Friedrich: Da kam niemals ein Kamel mehr durch, man konnte damit weder ein- noch ausziehen. Das ging nicht. Deswegen ein Kamel durch ein Nadelöhr. Das Nadelöhr war eigentlich ein ganz enges Tor, durch das ich vielleicht gerade noch gekommen bin, also, du auf jeden Fall.

Uwe: Ich bin ja kein Kamel, also insofern, mit dem Kamel …

Friedrich: Ja, aber ich bin dann eher ein gut genährtes Kamel und du ein schlecht genährtes Kamelchen.

Uwe: Nee, ich finde mich immer generell bei der Kirche, wie gesagt, meine Eltern waren ja beede in der Partei, da war nichts groß mit Kirche.

Friedrich: Die Partei war doch die Kirche. Die hat auch alles gegeben. Und die geizte nie, heißt das in dem Fürnberg-Lied da, die Partei hat alles gegeben.

Uwe: Alles gegeben, ja. Aber …

Friedrich: Aber, alles genommen hat sie auch, ja.

Uwe: Wir können das Rad nicht mehr zurückdrehen, aber das war ein großer Fehler, dass die Einen, die ja Gutes wollten, ich glaube das nach wie vor … dass Sozialismus, wenn wir ihn erlebt hätten, gar nichts Schlechtes gewesen wäre, der richtige, und dazu die Kirche, wir wären doch unschlagbar. Beide dienen doch der gleichen Sache. Ist leider pervertiert.

Friedrich: Ja, da müssen sie auch immer Mehrheiten gewinnen dafür. Müssten wir dafür Mehrheiten gewinnen. Die Frage ist, wie gewinnst du Mehrheiten, die wirklich einer humanistischen Idee folgen und dabei auch darauf verzichten, mehr zu sein und mehr zu gelten als alle anderen. Wie kriegst du das hin? Also, ich denke, der Sozialismus war eine sehr gute Idee und nicht nur schlecht gemacht, sondern sie war so nicht tragfähig, weil Menschen …

Uwe: Nee, von Anfang an nicht.

Friedrich: Ja, warum? Weil, außer uns beiden, ja, denken alle nur an sich. Und Bertolt Brecht hat in einem sehr schönen Gedicht was Gutes gesagt, nämlich, eine Gesellschaft wird erst gut, wenn die Guten auch mal böse werden und kämpfen: »Sorgt, ihr die Welt verlassend, nicht nur dafür, dass ihr gut ward, sondern verlasst auch eine gute Welt!« Heißt, man muss auch Strukturen schaffen, in denen man gut sein kann. Das ist richtig.

Uwe: Und manchmal müssen die Guten auch mal richtig böse sein, damit es wieder gut wird.

Friedrich: Ja, und ich glaube, dass eine Symbiose oder ein Versöhnungsversuch immer wieder gestartet werden muss, zwischen der Freiheit des Einzelnen und der Gerechtigkeit für alle, so, wie kriegst du das hin? Diese Entfaltungsfreiheit …

Uwe: Aber muss man nicht verzichten auf die persönliche Freiheit, damit die Freiheit von vielen überhaupt erreicht ist? Denn ohne Frieden gibt es überhaupt keine Freiheit.

Friedrich: Naja, aber ohne Freiheit gibt es auch kein menschenwürdiges Leben, denke ich.

Uwe: Aber Frieden? Ich finde Frieden fast noch wichtiger als Freiheit. Also insofern hat mir nichts gefehlt.

Friedrich: Nein, nein. Ich bin für Frieden und Freiheit. Ein Frieden ohne Freiheit ist auch nur ein Scheinfrieden. Und: »Wir wären schon gut und nicht so roh, doch die Verhältnisse, die sind nicht so«, sagt Brecht in der Dreigroschenoper, und da haben wir gedacht, wenn wir die Verhältnisse ändern, also auch die, nicht nur die Machtverhältnisse, sondern auch die ökonomischen Verhältnisse, ja, dann werden wir alle gut. Nur, so sind wir nicht! Ich glaube, dass die Verbindung von Altruismus, also an den anderen denken, und darin auch ein Glück sehen, und Egoismus, an sich denken, dass man so eine Verknüpfung haben muss. Es dürfen nicht die einen altruistisch, die anderen egoistisch werden. Denn die, die viel haben, haben normalerweise die Tendenz, dass sie dann immer mehr haben wollen. Ich glaube, bei »Der Fischer und seiner Frau« kann man das ganz klar sehen. Wie unersättlich der Mensch werden kann, das versucht uns das Märchen zu erzählen. Aber Jesus hat keine Märchen erzählt, sondern Gleichnisse, in denen das auch klar wird, vom reichen Kornbauer etwa. Die Illusion, die Seele hätte Ruhe, wenn er jetzt nach einer guten Ernte sich noch mehr Lagerstätten baut und noch mehr, noch mehr, als er braucht, so eine Art Trump-System hätte, um dann sagen zu können: Nun, liebe Seele, habe Ruhe. Hast du nicht! Also die Tendenz des Reichtums, weiterhin nur an sich und die Vermehrung des Reichtums zu denken, die zieht sich durch die ganze Geschichte. Das kann man schon bei Epikur, bei Seneca nachlesen.

Uwe: Oder bei einem selber. Was braucht man alles, um noch glücklicher zu sein? Was braucht man zum Glück? Also ich finde, als ich letztes Jahr hier sprechen durfte (siehe Seiten 15ff.), … eben abzugeben, auch mal eben was zu machen, wofür es kein Geld gibt, das tut einem auch selber gut. Wir leben hier in einer Gesellschaft, wo es immer nur um ich, ich, ich, um nur einige zu nennen, geht, ja, und insofern, also mein Empfinden … Ich wehre mich ja auch jeden Tag dagegen. Wir nähern uns einer Endzeitstimmung, weil dieser Kapitalismus Krieg braucht, um überhaupt überleben zu können. Und insofern bin ich auch bei einer wichtigen Frage: Leben wir in einer Endzeitstimmung oder ist Hoffnung da? Ist immer Hoffnung da?

Friedrich: Wenn keine Hoffnung mehr ist, wird das, was man befürchtet, noch eher eintreten.

Uwe: Aber es heißt doch: Die Hoffnung stirbt zuletzt, aber irgendwann stirbt sie ja. Was dann?

Friedrich: Die Hoffnung wird nie sterben, ich denke aber, das muss eine Hoffnung sein, die auch kämpferisch wird. Nicht eine Hoffnung, die still bei sich sitzen bleibt und hofft. Sondern eine Hoffnung, dass wir eine Welt bauen können, in der alle zu essen haben. Eine Welt, in der jeder Einzelne sich entfalten kann und dass niemand verdächtigt wird, wenn er eine regierungskritische Gruppierung bildet. Ich finde, dass wir große Möglichkeiten in dieser Gesellschaft haben, in der wir jetzt leben, die wir nicht wahrnehmen. Also, wo Menschen sich dann aus freier Einsicht verbünden, können sie auch etwas bewirken. Ich denke jetzt an das Ende, hoffe ich, dieses fatalen Versuchs, ein Handelsabkommen mit Amerika zu schließen.

Was die europäische Kultur in ihren Wurzeln angreifen würde und das Rechtssystem an der Wurzel, dass da, dass da plötzlich Leute wach werden und sagen: Nee, wir wollen unsere europäische Kultur erhalten.

Uwe: Wir wollen die Äppel aus Wittenberg und nicht aus Neuseeland fressen. Jetzt mal übersetzt, das würde schon reichen.

Friedrich: Ja, und wir wollen nicht, dass uns die Konzerne vorschreiben, wie wir was zu produzieren und zu konsumieren haben.

Uwe: …und zu welchen Preisen, richtig.

Friedrich: Insofern will ich nur sagen, hier ist eine Basisbewegung, die mittels auch der neuen Kommunikationsmittel sich immer mehr verbreitert, bis dann auch die SPD oder der SPD-Vorsitzende …

Uwe: … unter Druck geraten …

Friedrich: … unter Druck geraten und jetzt sagen, wir geben dem keine Zukunft mehr. Ich finde es hoffnungsvoll, dass TTIP keine Zukunft hat. Wobei ich für einen freien Handel bin. Aber für fairen Handel mit der Dritten Welt, aber auch mit den Vereinigten Staaten. Damit will ich deutlich machen: Wenn Menschen sich organisieren und es da nicht mit einer Demonstration genug sein lassen, sondern sich auch längerfristig miteinander verbünden, für das Richtige, so, das hoffe ich, dass sich das rumspricht. Dass man vielleicht auch bald dafür Sorge trägt, dass Nestle nicht weiterhin die Wasservorräte der Welt aufkauft und nicht mit Atomwaffen herrscht, sondern mit dem Wasserregime in der Welt! Ja? Nestle kauft überall Wasser und Wasserquellen auf. So könnte man sagen, also dieser Kapitalismus, der jetzt global ist in der globalisierten Welt, der, um noch mal auf deine Frage zurückzukommen, der kann wirklich apokalyptische Ängste auslösen.

Friedrich: … Das ist richtig. Und ein Kapitalismus, der von sich aus … also sein Prinzip ist ja immer mehr, mehr, mehr! Aber immer mehr, mehr, immer mehr Wohlstand, immer mehr Wachstum, das hält die Welt nicht aus.

Uwe: Ungebremstes Wachstum ist ja Krebs, wie wir alle wissen. Ist Krebs, und insofern ist das schon alles krank.

Friedrich: Etwa die Art, in der die großen Fangflotten überall die Weltmeere ausfischen. Sie fischen sie aus!

Uwe: Auf Hiddensee gibt es nur noch acht Fischer! Und wenn das so weitergeht, auf Hiddensee, der schönen Insel da oben … Da habe ich einen schönen Spruch übrigens gelesen, der hat mich begeistert, weil ich komme auch vom Wort her. Wenn ich das Wort nicht hätte, da sind wir wieder bei Luther, hoffentlich, ich wüsste gar nicht, was ich machen sollte. Denn durch die Sprache kommt man auch zum Gefühl. Also, wenn man Glück hat. Wenn man die richtigen Worte und die rechten Worte findet. Da also stand, als ich schon rausgegangen bin aus der kleinen Kirche dort auf Hiddensee, auf der Insel: Verzichte auf etwas, lass dir etwas entgehen. Das fand ich toll. Also das sind doch Worte, die man versuchen könnte, aber wer verzichtet? Oder man selber eben, wenn ich die Welt nicht ändern kann, muss ich mich ändern und Verbündete suchen. Können wir mit Wahlen Veränderungen herbeiführen? Also, Tucholsky hat gesagt, würden Wahlen etwas ändern, sie wären längst verboten. Oder müssen wir nicht doch gewaltsam auftreten?

Friedrich: Also, ich vertraue jedenfalls keinem gewaltsamen Umsturz. Sondern, ich hab da mal einen Vers in einem Theaterstück gehört: Dann machen wir eine Revolution und setzten uns selber auf den Thron. Davor habe ich einfach Angst. Dass die, die Revolution machen, sich dann selber auf den Thron setzen. Und wir sehen ja auch, dass viele der sozusagen sozial-revolutionären Systeme, sagen wir, das in Südamerika unter Chaves, was der etwa angerichtet hat mit einem reichen Land.

Uwe: Venezuela.

Friedrich: Ja, Venezuela. Oder auch Lula war ein bestechlicher Mann geworden, und gucken wir mal, was der Freiheitskämpfer Mugabe für ein furchtbarer Diktator geworden ist. Es gibt Ausnahmen, es gibt wunderbare Ausnahmen, die einem Hoffnung machen können. Zum Beispiel Nelson Mandela mit seiner Art, Versöhnung zu stiften nach so vielen schrecklichen Jahren der Apartheid. Das gibt es. Aber die Wahrscheinlichkeit ist mehr Mugabe als Mandela, das will ich nur sagen.

Uwe: Hast du ein Lieblingsessen?

Friedrich: Ja!

Uwe: Darf ich fragen, welches?

Friedrich: Kartoffelbrei.

Uwe: Kartoffelbrei. Und nichts dazu?

Friedrich: Mehr brauche ich nicht dazu. Es kann ein Spiegelei dazu geben, aber das reicht mir eigentlich. Nur, der Kartoffelbrei muss selber gestampft werden. Also nicht hier mit dem …

Uwe: … Rührgerät, nein, das ist furchtbar.

Friedrich: Das ist furchtbar, dann hängt der da so richtig dran, als wenn es Honig wäre, so, weil da Stärke drin ist. Nein, nein, der muss gestampft werden und dann wirklich mit Milch und Butter.

Uwe: Butter muss ran!

Friedrich: Butter muss ran, ja!

Uwe: Bisschen Muskat.

Friedrich: Bisschen Muskat, ja, auch oder ein bisschen Pfeffer, ja gut, aber jedenfalls, Kartoffelbrei habe ich mir immer zu meinem Geburtstag gewünscht und hab ich auch immer bekommen. 16. Mai, Kartoffelbrei!

Uwe: Das ist ein schönes Wort, das gefällt mir gut. 16. Mai, Kartoffelbrei! Dann bist du fast ein Zwilling.

Friedrich: Ja.

Uwe: Fast ein Zwilling. Darf ich fragen: Wie bist du zum Glauben gekommen, oder wie bist du, oder hast du gesagt, jetzt will ich Theologie studieren?

Friedrich: Nein, ich bin vom Kirchturm gefallen und sagte, Mensch, dass du noch lebst, muss ich mal gucken. Gibt es so etwas wie Fügung? Gibt es so was wie Wunder? Gibt es so was wie ein Sich-Verwundern und ein Bewahrt-Werden und so? In einer Zeit, in der die Kirche mit Recht viel kritisiert wurde, zugegeben, wir wurden für ein bisschen so gehalten. Ich hatte in Mathematik immer eine 2, ja, und dann fragten mich manche, wieso man in Mathematik eine 2 haben kann und in Physik eine 1 – und trotzdem glauben könnte, also aus der Zeit komme ich, ja. Und ich wollte gern wissen, was da dran ist.

Uwe: Am Glauben?

Friedrich: Am Glauben. Was an der Kirche dran ist, was da dran ist, ich wollte es wissen, ich habe aus existenziellen Gründen Theologie studiert, aber …

Uwe: Das verstehe ich nicht. Aus existenziellen Gründen?

Friedrich: Ja, wie gehe ich mit meiner Angst um? Wie komme ich zu mir selbst? Kann ich zu mir ja sagen? Und ich entdecke, Kirche, das ist ein Ort, wo mir gesagt wird, dass zu mir ja gesagt ist. Und dass ich auch deshalb zu mir ja sagen kann, das nennt Luther Rechtfertigung. Ganz allein du bist, so wie du bist, ein geliebter Mensch, nun sei ein liebender. Du bist ein Geliebter, nun sei auch ein Liebender! Der zweite Grund, warum ich dann Theologie studiert habe, war ein apologetischer, wenn man so will, ja. Ich wollte wissen, was kommunistische Propaganda gegenüber der Kirche bedeutet, was da richtig ist und was falsch ist. Und was stimmt da dran, wenn das 2.000 Jahre gestimmt hat? Kann das sein, dass das alles nur Humbug ist? Ich bin eigentlich erst im Studium zu einem bibelorientierten Menschen geworden, und zwar nicht durch die Universität, nicht durch das, was ich dort erlebt habe. Sondern durch gelebte Aufrichtigkeit, Geradlinigkeit und Mut in der Studentengemeinde. Wo Leute, die Physik studiert haben oder Chemie studiert haben oder Germanistik studiert haben, zusammenkamen und wussten: Wenn wir dahin gehen, können wir uns in der Karriere nicht viel vorstellen. Machen wir aber! Wir wollten in einer freien Gruppe – Marx hätte gesagt, eine freie Assoziation – zusammen sein. Die Studentengemeinde in Halle an der Saale, wo ich studierte, weil man die Mauer früher gebaut hatte. Ich wollte ja eigentlich in Ostberlin leben und in Westberlin studieren. Aber dann im Osten weiter wirken, gewissermaßen die 5. Kolonne des Westens. So war die Propaganda unter Ulbrichts Zeiten. Ja, ja. Aber ich wollte auch wissen, was da dran ist, dass man bis dahin, dass man so primitiv war und erfolgreich. Dass man sagt, also ihr erzählt, die Menschheit stamme von Adam und

Eva ab, von zwei Personen, oder dass Kain und Abel die beiden Söhne waren und Kain nahm sich eine Frau, wo kommt die Frau denn her? Was bedeutet dieser alte Mythos von der Erschaffung der Welt? Was bedeutet der, was steht da, was steht da drinnen? Das ist die Grundfrage, wenn man einen historischen Text liest. Wer hat was, wann, mit welcher Absicht, in welcher Sprache, in welchem historischen Zusammenhang geschrieben und warum? So, und wo ist der Vergleichspunkt? Das ist doch sehr spannend. Und vor allen Dingen sämtliche Geschichten, bis hin zur Sintflut-Geschichte. Die ist nicht eins zu eins, ist kein naturwissenschaftlicher Bericht, sondern einer über die Hybris des Menschen, der sich zusammentut und sagt, wir wollen größer sein als Gott. So. Und das bricht zusammen, das bricht in sich zusammen.

Uwe: Wir haben auch noch gelernt, ich erinnere mich gerade daran, weil Gott gerade angesprochen wurde, Glauben heißt nicht Wissen. Mit dem bin ich ja auch groß geworden und ich muss mittlerweile sagen: Gott sei Dank! Weil wenn ich es wüsste, was nützte es mir?

Friedrich: Ja.

Uwe: Und auch, es gibt ja diesen unsichtbaren Gott, ja, also in dem Verzichten, Abgeben, Gutes tun, Mund halten, und nicht so viel drüber reden. Dort zeigt sich für mich Gott. Und insofern ist für mich in der DDR also, weil immer gesagt wurde, ja, da war er nicht, der war schon da. Der war schon da. Auch aus der Notgemeinschaft, vielleicht zeigt er sich auch dort. Und insofern bin ich hier sehr skeptisch, aber warum hast du die Sichel? Gleich zwei?

Friedrich: Na, ich wollte, wir sind hier in Wittenberg.

Uwe: Ja, da habe ich ganz schlimme Läden gesehen, entschuldige, da ist auf der einen Seite, da kannst du Luther-Devotionalien kaufen und auf der anderen Seite im selben Laden Antiquitäten, Maschinengewehre, die Kalaschnikow. Die hängt hier im Laden in Wittenberg. Ich habe gedacht, ich träume! Das ist doch nicht normal, oder?

Friedrich: Das ist nicht normal.

Uwe: Das sind zwei Seiten ein und derselben, nee!

Friedrich: Nee. Menschen fragen überhaupt nicht danach, welchen Sinn das hat und wie das begründbar ist, nur Geschäft, Geschäft.

Uwe: Wird zu Geld gemacht und so weiter …

Friedrich: Geschäft ist alles.

Uwe: Es gibt ja auch ein Wachstum nach innen, weil, wir reden beim Kapitalismus immer vom Wachstum, Wachstum. Aber es könnte ja mal jemand sagen, Mensch, lass uns doch mal nach innen wachsen. Bildung ist der Schlüssel! Jetzt kommt man langsam dahinter, ja, und insofern …

Friedrich: Nicht nur Bildung, auch Kultur! Dass der Mensch über sich hinauswächst. Das kann er im Wesentlichen durch Kultur. Das kann er durch Musik und das kann er durch Literatur, das kann er übrigens auch durch Sport, durch Architektur, die Art, wie er lebt, kann er, muss ich sagen, im Äußeren das Innere finden. Vom Inneren zum Äußeren kommen, vom Äußeren zum Inneren kommen, das ist richtig. Ich glaube, dass Glaube sowieso etwas Mystisches hat. Also, dass du etwas in dir empfindest, was sich kaum wirklich darstellen lässt. Sondern, was dich im Innersten füllt, was dich hält, was dich trägt, was dich ermutigt im Innersten, eine Kraft in dir. Und diese zu erspüren und dann auch aus dieser Kraft heraus zu leben. Hoffnung ist ja immer, dass man auf etwas aus ist, was noch nicht ist. Und der große marxistische Philosoph Ernst Bloch hat ein biblisches Wort, hat übrigens auch ein Buch geschrieben »Die Bibel für Atheisten«, und hat gesagt, wir sind's noch nicht, wir werden es aber. Wir sind noch nicht das, was wir sein sollen. Aber wir können es werden. Wir werden es aber. So, und dieses Glauben heißt auch, nicht im Sein, sondern im Werden leben. Hat übrigens Luther gesagt. Wir sind nicht im Sein, sondern im Werden. Wir sind nicht im Frommsein, sondern im Frommwerden. Wir sind nicht im Gerechtsein, sondern im Gerechtwerden. Das heißt also, Glaube ist auch ein Prozess, auf ein bestimmtes Ziel hin, ja gut. Und hier auf dem Lutherhof, ja, hier haben wir 1983 ein Schwert zu einer Pflugschar umgeschmiedet.

Uwe: Ich erinnere mich. Und aktueller geht es ja gar nicht. Haben wir mit so einer Aktion wieder eine Chance? Ja, TTIP auf einer anderen Art und Weise.

Friedrich: Ja klar, wir haben das 2003 wiederholt, 20 Jahre danach, ja, 2003.

Uwe: Ich finde das super und großartig, ich bin absoluter Pazifist, ich hasse und verabscheue Krieg. Überhaupt, einem anderen Menschen weh tun, das geht überhaupt nicht, nicht mal verbal.

Friedrich: Ja, ich wollte noch einmal zurückkommen hier auf unsere Schmiedeaktion. Wir wollten ja klarmachen, was für einen Sinn denn diese Geschichte hat … ich habe hier eine Bibel, die hat mein Vater den ganzen Krieg mitgeschleppt.

Uwe: Daran hat er sich festgehalten.

Friedrich: Aber wie! Aber wie! Das hat ihn festgehalten, was er festgehalten hat, ja. Dann hat er noch Tagebuch geschrieben, ja, über die Zeit. So dass ich weiß, was in dem Krieg in Russland passiert ist. Mein Vater war Sanitäter dort. Aber viele haben dieses Zeichen getragen »Schwerter zu Pflugscharen«. Das wurde dann, das hatten die Leute so dran hier.

Uwe: Am Parka.

Friedrich: Ja, Parka. Wir wurden gezwungen, das abzumachen, und ich wollte, nachdem das Zeichen verboten worden war, … da wir das Zeichen nicht mehr zeigen konnten, wollten wir mal zeigen, wie man es macht.

Uwe: Also, das sichtbar machen.

Friedrich: Ja, klar, und da hat ein Schmied hier … ganz viele Leute sagten, ich habe das im Fernsehen gesehen und so, das war ganz ermutigend! Also, ich habe einen kennengelernt, der ist jetzt Yoga-Lehrer, sogar mein Yoga-Lehrer. Und nach diesem Abend hier auf dem Lutherhof, als er sein Schwert zur Pflugschar umgeschmiedet hatte, da wurde ihm klar:

Du verweigerst den Wehrdienst. Also, das gab es auch. Das war für ihn der entscheidende Moment, der kam aus einem ganz anderen kommunistischen Umfeld. Worauf ich aber hinauswill: Schwerter zu Pflugscharen heißt ja, dass aus dem Tötungs-Instrument ein Lebens-Instrument wird, die Pflugschar! Die den Boden aufgrubbert. Richtige Pflugscharen hatte man ja damals noch gar nicht, und aus dem Boden Getreide …

Uwe: Ein neuer Samen … Ich habe es verstanden. Ich muss bloß mal gucken, ach, das dürfen wir wahrscheinlich gar nicht. Die Luft wird ein bisschen knapp. Darf ich etwas aufmachen?

Friedrich: Aber da musst du das Auto wegschicken, da draußen.

Uwe: Hmm, geht nicht. Also mir wird sie ein bisschen knapp, die Luft. Ich bin ja auch, wie sagt man …

Friedrich: … klaustrophobisch!

Uwe: Ja!

Friedrich: Ich auch!

Uwe: Ich meine, 3% Sauerstoff reichen ja aus für uns. Aber es ist doch ein bisschen warm hier drinnen in der Buchte. Oder?

Friedrich: Ich wollte zurückkommen!

Uwe: Unbedingt!

Friedrich: Ein Schwert, das zur Pflugschar wird. Eine Pflugschar bringt Brot für die Welt. Das heißt, die Gerechtigkeitsfrage, die Friedensfrage gehören eng zusammen! Und dann hat Luther übersetzt: Sie werden ihre Spieße zu Sicheln machen. Also hier, das ist eine Sichel, so. Und da steht aber, das ist falsch übersetzt, warum? Weil er nicht in der Weingegend lebte. Sondern in der Biergegend. Und die Spieße, mit denen man in den Leib rammen konnte, wurden zu Winzermessern. Der Wein bringt es, es geht um Brot und Wein! Das heißt: Wein ist das Symbol für Geselligkeit, für Freude, für Leben. Brot für das Lebensnotwendige, das ist die Sichel. Dieser Spieß hier, der war mal ganz gerade und wurde so draufgesetzt. Das haben wir dann 2003 …

Uwe: Das war auch dieser?

Friedrich: Dieser ist das hier, ja.

Uwe: Das ist ein regelrechtes Relikt.

Friedrich: Ja, das ist ein Relikt, aber ich habe noch was anderes, weil es um Luther geht, und du hast mir hier so komische Sachen gezeigt.

Uwe: Moment, Schokolade, ich finde ja auch … geistiger Luther.

Friedrich: Na warte ab! Ich habe hier noch was anderes!

Uwe: Auch was in der Aktentasche?

Friedrich: Hier! Ich hatte es in der Aktentasche, aber wo ist das geblieben? Kennst du das auch, dass du nicht weißt, wo ist es geblieben? Wo sind die großen Ideale geblieben und wo ist das geblieben, was ich jetzt suche? Sind deine Leute zuverlässig?

Uwe: Die sind zuverlässig.

Friedrich: Pass auf! Wurde doch behauptet, Luther hätte die Thesen in Wittenberg nicht angeschlagen, ja?

Uwe: Du hast den Nagel?

Friedrich: Ich hab den Hammer! Habe ich bei Ausgrabungsarbeiten … Hier ist alles abgefault gewesen, bei Grabungsarbeiten gefunden.

Uwe: Behauptest du es oder ist es …?

Friedrich: Das ist der Hammer!

Uwe: Bei Gott?

Friedrich: Das ist der Hammer!

Uwe: Das ist der Hammer, ja wirklich, das ist der Hammer. Das finde ich großartig. Das ist der Hammer.

Friedrich: Will ich nur mal klarmachen, das ist der Hammer.

Uwe: Gibt es eine These für heute, wo du sagen würdest, die, lieber Luther, wünsche ich mir als 96. Für heute? Es reicht ja eine, die uns allen Hoffnung, Zuversicht, Mut geben sollte.

Friedrich: Ja.

Uwe: Die der Luther noch nicht gesagt hat?

Friedrich: Ja.

Uwe: Wir haben eine, aber sag erst deine!

Friedrich: Ich sage erst meine! Ja. Werde, der du bist, du kannst mehr, als du denkst.

Uwe: Schönes Schlusswort. Schönes Schlusswort!

Friedrich: Nee, nee! Ich wollte noch was anderes erzählen! Guck mal hier! Warum ich so geworden bin, wie ich bin.

Uwe: Friede.

Friedrich: Das ist der Mantel einer Granate aus dem 2. Weltkrieg. Mein Vater hat dann in Gefangenschaft aus einer Granatenhülse einen Abendmahls-Becher geformt. Und einer in der Gefangenschaft hat dann das Symbol des Christus hier gemacht. Schwerter zu Pflugscharen heißt auch, die Granaten-Mäntel zu Trinkbechern, zu Messbechern.

Uwe: Verwendest du den manchmal noch?

Friedrich: Natürlich verwende ich den!

Uwe: Also in der …

Friedrich: Ja, in kleinerer Gemeinschaft.

Uwe: Ich mache bloß mal zu. Jetzt haben wir wieder Luft!

Friedrich: Ja, das wollte ich noch sagen, dass wir die Dinge, dass wir die Dinge verwandeln und dass wir auch an Wandlung glauben. Und dies beides von meinem Vater (*zeigt Bibel und Becher*) … sind die großen, wollen mal sagen, für mich die Reliquien. Eine heilige Schrift und ein umgeformter Mantel einer Granate. Ja, ich glaube, jeder Mensch braucht so etwas, woran er sich hält …

Uwe: Sich festhalten kann, richtig.

Friedrich: … was auch aus der Geschichte kommt und mit der eigenen Geschichte verbindet. Und

in diesem Fall, ich bin ja so glücklich, dass mein Vater dann nach einer schweren Verletzung aus dem Krieg zurückgekommen ist. Ist dann auch nicht wieder nach Russland zurücktransportiert worden. Der ist bis kurz vor Moskau gekommen als Sanitäter und hat dann einen Nierenschuss gehabt und ist dann nach Deutschland zurück und ist von da aus dann nach Frankreich beordert worden und nicht wieder nach Russland zurück. Dadurch habe ich einen Vater und dadurch habe ich auch noch fünf Geschwister, ja. Sonst ja …

Uwe: … wärst du ganz allein.

Friedrich: Ja. Das ist was Tolles! Ich sage dir, fünf Geschwister zu haben und fünf solche Geschwister zu haben, wie ich sie habe, das gehört zu den Glücksfällen des Lebens.

Uwe: Ja, sehr schöne Worte! Ich habe noch was ganz Schönes! Jetzt wurde noch ein »Mosaik« gemacht, Luther macht Druck. Also wenn es ums Wort geht, das finde ich toll!

Friedrich: Das ist doch toll!

Uwe: Finde ich auch.

Friedrich: Luther macht Druck, das ist eine gute Idee.

Uwe: »Macht Druck« ist ein sehr schönes Wort. Luther macht Druck.

Friedrich: Sehr gute Idee. Wo hast du das her?

Uwe: Das habe ich in der Luther-Information in Wittenberg erstanden.

Friedrich: Gekauft, oh, das muss ich mir auch kaufen! Das interessiert mich.

Uwe: Das schenke ich dir!

Friedrich: Was?

Uwe: Entschuldige, du hast dir Zeit genommen und Zeit ist Gnade. Also nicht Geld, das finde ich auch so schön.

Friedrich: Die Lebenszeit ist … Ach, das ist wirklich toll gemacht. Hier, Mal-Akademie und so, toll gemacht. Das ist Bildung, das ist Bildung. Bildung und Humor, jawohl! Na toll! Toll!

Uwe: Und dann gibt es noch das Quiz to go. Also Luther, Martin Luther to go.

Friedrich: Was ist das?

Uwe: Es gibt alles hier, alles wird zu Luther, alles, ja. Das Sein bestimmt das Bewusstsein. Luther to go.

Friedrich: Ja, wie willst du eine Idee in einer Stadt auch für ein ganzes Jahr, wie willst du denn die laufend transportieren? Also geht man da auf das Materielle, auf das Handhabbare zurück. Das ist ein Kartenspiel – oder wie?

Uwe: Ja, das ist ein Kartenspiel, Luther zum Mitnehmen, eben to go.

Friedrich: Besser als Kaffee to go, weil to go ist schrecklich.

Uwe: Also, es gibt auch so ein paar Sachen, … aber das mit dem Hammer, das finde ich großartig!

Friedrich: Ja, ich wollte dir noch erzählen, 1984 war hier draußen an der Eingangstür des Lutherhauses einer zu Besuch, der für uns in der DDR eine ganz große Bedeutung hatte. Der heißt Walter Jens. Kennst du?

Uwe: Ja, natürlich.

Friedrich: Ein Rhetoriker und ein Schriftsteller und ein Essayist und ein Bibelübersetzer. Und der hat hier 1972, wir kamen vorhin schon auf den

Philosophen Ernst Bloch, mit dem er wiederum sehr befreundet war, und dieser Ernst Bloch war Professor in Leipzig gewesen, ist dann vertrieben worden von den eigenen Genossen, ja. Er ist dann …

Uwe: Entfernt.

Friedrich: … in den 60ern, nein, Mitte der 60er-Jahre ist er von einer Reise nicht zurückgekehrt. Ist dann nach Tübingen gegangen und dann dort auch auf den Walter Jens getroffen. Und Jens hat doch damals die Bibel, das Matthäus-Evangelium, übersetzt, 1972. Da stehen Sachen drin, die haben die Leute, mit denen ich zu tun hatte, in Merseburg, in Leuna, dann abgeschrieben, auf Ormig, und verbreitet. Da steht drin, in der Aussetzungsrede Jesu: Nein, fürchtet euch nicht. Entdeckt werden wird das Versteck, erkannt werden wird das Geheimnis. Was ich in der Dunkelheit sage zu euch, sagt es am hellen Tag und schreit, was euch ins Ohr geflüstert wird, herab von den Dächern. Die Ermutigung ist unglaublich, es ist unglaublich, was er sagt, oder hier: Habt keine Furcht! Fragt nicht, was soll ich sagen, wie muss ich sprechen, euch wird gegeben, wenn die Stunde kommt, wie ihr zu sprechen habt. Dann seid nicht ihr es, die reden, es redet an Hauch und Stimme in euch. Der Geist eures Vaters, der spricht. Also, wenn sie euch holen in die Höhlen der Staatssicherheit, habt keine Furcht. Ihr werdet die Kraft finden! Habt keine Angst! Das haben die in diesen kleinen Heftchen, die ich da gemacht habe in Ormig, bei sich getragen die jungen Leute, so war Glaube, auch in der DDR. Eben mit der Übersetzung des Matthäus-Evangeliums durch Walter Jens. Diese Übersetzung hat er mit einem Satz von Ernst Bloch überschrieben: Am Anfang der Stall, am Ende der Galgen. Jesus von Nazareth. Am Anfang der elende Stall, der erleuchtet wird, bis heute, durch den Stern, der da am Himmel steht, über diesem Kind, der bis heute hin leuchtet – und am Ende der Galgen. Die Welt hat ihn nicht ausgehalten, aber …

Uwe: Der Galgen, nicht das Kreuz?

Friedrich: Ja, das ist eine Übersetzung. Am Ende der Galgen, damit will er sagen … Es gibt ja auch das Osterkreuz, das ist nicht mehr das Kreuz des Leides, sondern es ist das Kreuz des Triumphes, und er möchte gern sagen, der Galgen ist das Kreuz des Leidens, an das er da gehängt wurde. Ja, am Ende eine Welt schaffen, in der für Jesus Platz ist. Eine Welt schaffen, in der Jesus sagt, also ich bin bei euch alle Tage, bis ans Welt Ende. Und folgt dem Doppelgebot der Liebe!

Uwe: Dem Doppelgebot?

Friedrich: Doppelgebot der Liebe, das heißt: Du sollst Gott, deinem Herren, dienen, sollst ihn lieben, und genau so deinen Nächsten, wie dich selbst. Gott dienen und den Nächsten dienen, sind zwei Seiten einer Medaille.

Uwe: Das meinte ich ja auch mit »Gott zeigt sich nicht immer«, indem ich darüber rede und erzähle, sondern eben ja, manchmal auch in kleinen Dingen, es kann gar nicht klein genug sein. Wirst du Bundespräsident?

Friedrich: Ob ich das werde?

Uwe: Ja.

Friedrich: Na, das ist doch klar! Das weißt du wohl noch nicht?

Uwe: Ich wünsche es mir.

Friedrich: Manche wissen das noch gar nicht.

Uwe: Ich wünsche es mir.

Friedrich: Ja, aber ich wünsche es mir nicht, nein.

Uwe: Du hättest einen großen Vorteil: Du schreibst die Reden selbst.

Friedrich: Ja! Ich denke sie auch selbst, ja.

Uwe: *(lacht)*

Friedrich: Ich wollte nur mal gucken hier, kleinen Moment, wieso ist das 22. Kapitel, es …

Uwe: Also, wenn du gerufen würdest, würdest du sagen: Ich nehme die Wahl nicht an, so wie Reich-Ranicki. Das ist ja auch eine wahnsinnige Belastung, also das klingt immer so schön.

Friedrich: Also, erstens werde ich nicht gerufen, und das hat gute Gründe, und ich werde …

Uwe: Welche? Welche, kennst du sie?

Friedrich: Wen?

Uwe: Dass du nicht gerufen wirst? Du tust doch jetzt nicht so, als ob du mich nicht verstehst.

Friedrich: *(Lacht.)* Nein, aber du, das ist doch nicht zu fassen! Das sehe ich jetzt erst! Das Kapitel 22 und 23, 20, das Kapitel 20 bis 24 fehlen in dieser Ausgabe. Das haben wir aus dem Westen, nun, das hat mir jemand rüber geschmuggelt und da fehlen jetzt … Ohhh!

Uwe: Das hat die Stasi rausgetrennt?

Friedrich: Ooooch, das gibt's doch nicht! Das entdecke ich jetzt erst, also ich wollte was suchen hier …

Uwe: Ja, gesucht hast du ja, du hast es nicht gefunden.

Friedrich: Ja, gesucht, aber das ist mir erst jetzt aufgefallen.

Uwe: Darf ich noch mal nachschenken, Wasser?

Friedrich: Ja, gerne Wasser, ja. So, pass auf, ich wollte wissen, wie der Luther das übersetzt hat, diese Passage. Das muss ja im Kapitel … Kleinen Moment, kleinen Moment.

Uwe: Dein Tee.

Friedrich: Jaaa …

Uwe: Lass den Tee nicht kalt werden, hat Luther gesagt. Was hat Luther eigentlich nicht gesagt?

Friedrich: Dass er ein Heiliger sei!

Uwe: Sehr schön. Was mir an ihm gefällt, dass er immer Zweifel hatte. Hast du Zweifel?

Friedrich: Natürlich.

Uwe: Jeden Tag?

Friedrich: Jeden Tag.

Uwe: Ich oooch.

Friedrich: Aber jeden Tag. Man muss sich einfach sagen. Wenn Du morgens aufstehst. Und sagst, Mensch, das Leben. Du lebst. Du kannst riechen, du kannst stehen, du kannst schauen, du kannst hören …

Uwe: Das sind schöne Sätze. Die erreichen mich sofort.

Friedrich: Mein Lieblingsschriftsteller Bert Brecht, ja, der hat gesagt: Vergnügungen. Der erste Blick aus dem Fenster am Morgen, das wiedergefundene alte Buch, und so weiter und so weiter … na und dann am Schluss heißt es: reisen und dann singen, freundlich sein. Vergnügungen nennt er das. Ein wunderbar einfaches Gedicht. Die alltäglichen Dinge sind gleichzeitig die Wunder des Lebens.

Uwe: Die kleinen Dinge.

Friedrich: Für die man dankbar sein kann.

Uwe: Dankbarkeit ist ooch was ganz Wichtiges.

Friedrich: Ja, aber jetzt such ich noch grad hier, das, was ich dir … meine Brille macht das nicht mehr … Junge, Junge … 22. Kapitel …

Uwe: Also, was mich ja noch interessieren würde … Ich fand ooch ma sehr schön. Du hast in einer Talkshow gesagt, was der Papst gerade sagt und wie er sich verhält, da ist man ja fast geneigt, zum Katholizismus überzutreten.

Friedrich: Naja, das hab ich nicht gesagt!

Uwe: Ich hab's gehört mit eigenen Ohren!

Friedrich: Also … komm! Also, der könnte auch mein Bischof sein. Ich habe meinen Bischof und ich habe noch einen Bischof in Rom. Auch einen, den ich als meinen Bischof, also als meinen Hirten ansehen kann.

Uwe: Ist das so? Das find ich toll! Das ist ja dann wirklich 'ne Ökumene, die nicht nur tut, sondern ist.

Friedrich: Ja! Ich hab ihn jetzt im Petersdom bei der Messe erlebt, ich war in der Heiligen Messe in Rom, zum Peter-und-Paul-Tag, ich wusste gar nicht, dass der Peter-und-Paul-Tag in der Peterskirche besonders gefeiert wird. Und ich hab da mit anderen zusammen an der Eucharistie teilgenommen, aus ganzem Herzen. Und hab auch erlebt, welch eine Aura der hat, obwohl er nicht viel von sich hermacht. Er macht nicht viel von sich her. Der trägt auch keine roten Schuhchen. Aber dann hat er die sehr schön gestaltete Heilige Schrift, aus der wir die Lesungen, aus dem Propheten und aus dem Lukas-Evangelium, gehört hatten ... der Papst hat dann diese große, sehr schön gestaltete Bibel genommen und hat sie so herumgezeigt.

Uwe: Wie so 'ne Monstranz.

Friedrich: Wie 'ne Monstranz. Die Schrift war es. Dachte ich.

Uwe: Das Wort.

Friedrich: Das Wort. Nicht die Monstranz. Sondern er hat die Schrift in der Hand, und da dachte ich: Das isses!! Luther dreht sich nicht im Grabe 'rum, sondern Luther steht auf! So ist es. Geheimnis des Glaubens! Deine Auferstehung. Deinen Tod verkünden wir und deine Auferstehung preisen wir, bis du kommst in Herrlichkeit. Geheimnis des Glaubens. Ich bin nicht wert, dass du zu mir kommst. Aber sprich nur ein Wort, so wird meine Seele gesund. Wenn du dies aussprichst …

Uwe: Biste schon beruhigt.

Friedrich: Ja. Aber sprich nur ein Wort, so wird deine Seele gesund. Ja, das ist es! Man lebt nicht nur von den Brötchen am Morgen. Sondern von jedem Wort, das einen im Innersten erreicht.

Uwe: Hat nicht der Protestantismus ooch dafür gesorgt, sich siner selbst bewusst zu werden? Also, nicht nur abzugeben und zu sagen, da ist jemand da oben irgendwo, sondern, auch du bist ein kleines Stück davon?

Friedrich: Natürlich, er sprach sogar vom Priestertum aller Gläubigen. Also von der Gleichwürdigung aller Menschen vor Gott. Das Windeln waschen, ja, ist nichts Geringeres gegenüber dem Vorstehen einer Messe, also vor einer großen Messe zu sein. Gewissermaßen die Kacke des Kindes wegmachen ist ein Dienst am Menschen, so wie der Pfarrer in der Kirche auch einen Dienst am Menschen tut. So, wie es der Arzt im Krankenhaus tut, und so, wie es der Mann macht, der mit dem Auto herumfährt und uns den Müll wegnimmt. Alles dient einander und keiner hat irgendwie eine höhere Weihe. Die höchste Weihe ist: getauft zu sein. Punkt!

Uwe: Sehr schön.

Friedrich: Ja, und nicht dass Menschen sozusagen sich selber inszenieren. Auf der anderen Seite, eine schöne Inszenierung, sagen wir eine Osternacht oder ein gestalteter, gut gestalteter, zu Herzen gehender Gottesdienst zu Karfreitag, an dem man ganz andre Lieder singt als dann am Ostersonntag, diese Spannung zwischen Karfreitag und Ostern, das ist oft, das ist auch Glaube.

Uwe: Herrlich!

Friedrich: Ja, also das muss ich noch mal klarmachen. Es geht nicht um die Sichel, sondern es geht ums Winzermesser. Es geht nicht um Futter für die Karnickel, sondern um den Wein.

Uwe: Also, immer wenn du in Bildern sprichst, dann bin ich ganz bei dir. Das finde ich super. Da kann ich auch folgen. Manchmal gibt es so Sachen, da steige ich aus. Und ich, also ich bin ja nun für das Einfache, mich erreicht auch so was hier, wobei ich das jetzt nicht zu mir nehmen würde. Ich staune immer nur, was es alles gibt, ich würde darauf nie kommen. Einen Kräuterlikör, mit immerhin 42% Alkohol-Volumen, geistige Getränke, »Tintenklecks« zu nennen.

Friedrich: Ja, ne, also man muss schon sagen, Luther musste so etwas Ähnliches auch immer trinken. Warum? Weil das, was die damals aßen, das war unverdaulich, eigentlich. Der hat ja so furchtbar gelitten drunter.

Uwe: Kennst du seine Lieblingsessen?

Friedrich: Nee.

Uwe: Ja, ich habe mich damit beschäftigt, ich komm ja vom Essen her. Es waren Erbsen und Hering, Brathering vor allem. Also manche würden sagen, dann kann man auch erklären, wenn man überlegt, was der für Krankheiten hatte, ja.

Friedrich: Ja, die haben ganz viele Hülsenfrüchte gegessen. Und das war schwer verdaulich.

Uwe: Richtig. Aber davon kriegt man ja nicht Ohrensausen oder Schwermut oder die Galle, die Niere.

Friedrich: Doch, hat er gehabt.

Uwe: Eben. Also heute würde man sagen …

Friedrich: Er hatte furchtbare …

Uwe: Darmträgheit. Wusstest du, dass er aufgrund der Darmträgheit die Bibel angefangen hat zu übersetzen? 1521 oben, ist kein Quatsch jetzt, Junker Jörg?

Friedrich: Nein, da hat er plötzlich was essen müssen, was er als Mönch nie zu essen bekommen hat, nämlich richtig deftige Speisen.

Uwe: Genau, da hat er richtig zugenommen und hat gesagt: Ich muss die Bibel übersetzen und zwar aus dem Original heraus, also dem echten Wort, damit ich eine Aufgabe habe, die meine Kräfte übersteigt. Das finde ich toll.

Friedrich: Das ist gut erfunden, glaube ich, ja. Das ist gut erfunden!

Uwe: Nein, also, wieso? Er hatte doch keine Langeweile in elf Wochen.

Friedrich: Ach, der wollte diesen Bedingungen, unter denen sie gelebt haben … Das ist ihm alles nicht bekommen. Und dann hat er sich zurückgezogen und hat gefragt: Was kannst du jetzt tun, was das Volk Gottes jetzt braucht und dass die Zeit jetzt nicht sinnlos vergeht. Und da hat er sich entschlossen, die Bibel zu übersetzen, das Neue Testament zunächst, das war das September-Testament! Da hat er im Mai begonnen, im September war er fertig. Eine grandiose Leistung! Und er wollte, dass das Volk die Bibel selber lesen kann, und dass es nicht ein Raub der Priesterschaft wird. So, deswegen müssen ja Leute lesen lernen! Also von daher kommt auch die allgemeine Schule, kommt durch Melanchthon und Luther. Und zwar wollten die, dass die Leute die Bibel lesen und verstehen und glauben und verstehen.

Uwe: Richtig, und er hat deshalb auch in bildhafter Sprache übersetzt, damit das Volk ihn versteht.

Friedrich: Natürlich.

Uwe: Und der Dialekt! Ich meine, wo wir leben, im mitteldeutschen Raum. Und ich muss mir anhören, der Dialekt ist nicht erwünscht. Das ist ja, als würde man Luther das Maul verbieten wollen. Also das ist eine Frechheit, dass im eigenen Land nicht gesprochen wird, wie das Volk spricht.

Friedrich: Wir wissen nicht ganz genau, ob das …

Uwe: Na, die haben doch Dialekt gesprochen, damals war Sächsisch noch Hochkultur, Weltsprache.

Friedrich: Ja klar, aber ob das Sächsisch von heute, was manche Sachsen noch richtig können, dem Sächsisch von damals ganz entspricht, das wage ich jetzt nicht zu beurteilen. Also wir gehören ja auch zu Sachsen, und wir sprechen stärker mehr zum Norddeutschen hin, und das können wir gut verstehen. Aber unabhängig davon: Es soll die Bibel in jedem Dialekt verstanden werden. Das heißt, er hat die deutsche Sprache geschaffen, die man nutzen konnte mit seinem Dialekt. Wenn heute ein Mensch aus Flensburg die Bibel liest und ein Mensch aus Altenburg und ein Mensch aus München, ja, kann er das genauso aufnehmen. Insofern hat er durch Sprache, ohne dass er das damals wusste, durch Sprache auch die deutsche Nation begründet. Ist ja nun eine großartige Sache, durch Sprache und durch diese Sprache.

Uwe: Kann man durch Sprache zum Gefühl gelangen?

Friedrich: Ja, natürlich.

Uwe: Deswegen ist auch das Erlernen der deutschen Sprache so wichtig, weil, wenn ich hier lebe unter Menschen, mit denen ich verkehren möchte, muss ich die Sprache können, damit ich zum Gefühl, zum Herzen komme. Was ist eigentlich wichtiger, das Herz oder der Geist?

Friedrich: Wo Herz und Geist zusammenkommen.

Uwe: Ein Herz und eine Seele?

Friedrich: Ja, zusammen. Ein Herz und eine Seele, wo das zusammenstimmt. Wo das Denken und das Gefühl zusammenstimmen, da wird es stimmig!? Und ich meine diese geniale Übersetzung Luthers, etwa des berühmten 13. Kapitels aus dem Korinther-Brief. Wenn ich mit Menschen und Engelszungen redete und hätte der Liebe nicht, so wäre ich ein tönend Erz, eine klingende Schelle. Und wenn ich weissagen könnte und wüsste alle Geheimnisse der Welt und hätte der Liebe nicht, so wäre mir's nichts nütze. Und zum Schluss heißt es dann: So aber bleiben Glaube, Hoffnung, Liebe. Diese drei. Die Liebe aber ist die größte unter ihnen. Mehr brauchst du nicht zu wissen. Wenn du das verstehst, mehr brauchst du nicht zu wissen! Man muss nur wissen, dass Jesus auch der Mann der Liebe war. Des Glaubens, der Liebe, der Hoffnung. Aber die Liebe ist die größte unter ihnen. An solch einer Übersetzung sollte man nicht rumfummeln.

Uwe: Ja, was perfekt ist, braucht man nicht verändern, schön. Dann sind wir ferdsch.

Friedrich: Simmer ferdsch.

Uwe: Jetzt sind die Kameras aus. Sag mir bitte, also mir musst du gar nichts sagen, aber für mich wärest du wirklich ein übergreifender, vom Empfinden her, du könntest auch die Leute drüben mitnehmen. Und wärst auch heute kritisch. Deswegen wärst du für mich ein Bundespräsident.

Friedrich: Ja, ja, aber es ist ja völlig richtig, wenn man 72 ist, ja, sollte man so eine Aufgabe nicht mehr übernehmen wollen. Völlig richtig. Und zweitens, ich wüsste nicht, jetzt mal ganz fiktiv geredet, wenn ich solch ein Amt hätte, ob ich dann wirklich noch sagen könnte, was ich dächte. Und ob ich noch so dächte, wie ich denke, da ich nicht in solchem Amte bin.

Uwe: Ist es gut, hungrig zu bleiben?

Friedrich: Ja.

Uwe: Wie schafft man das?

Friedrich: Hungrig zu bleiben? Indem man neugierig bleibt auf das Leben. Indem man neugierig bleibt auf das, was noch aussteht.

Uwe: Lebenshunger.

Friedrich: Und indem man das, was man schon zu kennen meint, dann erst wieder neu kennenlernt. Das kann ein Psalm aus dem Alten Testament sein, das kann ein Gedicht sein.

Uwe: Oder ein Vorurteil, das man überwerfen muss.

Friedrich: Genau. Neugierig sein heißt also nicht festgelegt bleiben, aber doch erkennbar sein. Nicht festgelegt sein, aber doch auch erkennbar, also wiedererkennbar. Ich denke auch in der Politik. Die Menschen wollen Politiker haben, die wiedererkennbar sind, denen man eine Haltung abnimmt. Die eine Haltung haben, und sich nicht irgendwie drehen. Mal da und so und so.

Uwe: Die Opportunisten, genau.

Friedrich: Lieber die Macht verlieren, als sein Gewissen zu verraten. Und insofern ist der Satz der Kanzlerin, an dem sie festhält, wir schaffen das. Das heißt auch, wir können das schaffen. Das kann sie nicht alleine, das können wir alle nur zusammen. Und sie bleibt bei diesem Satz, obwohl es sie ihre Position kosten kann. Also, ich habe davor große Achtung.

Uwe: Respekt?

Friedrich: Ja. Hatte ich so nicht gedacht. Auch, dass sie jetzt ganz klar an diesem Punkt festlegt, hier kommt ein großes Problem auf uns zu, nicht nur auf uns Deutsche.

Uwe: Wir haben es doch alles selbst verursacht! Wir haben es doch mitgemacht!

Friedrich: Und das kommt als Problem, sagen wir, nicht nur aus Syrien, es wird auch aus Nigeria zu uns kommen, wenn es nicht eine Weltwirtschaftsordnung gibt, die es den Armen ermöglicht, würdig zu leben, werden sie alle …

Uwe: Dass sie dort bleiben können …

Friedrich: … werden sie uns überrennen. Das heißt, wir werden selber schuld sein. Wenn wir nicht so, wie der Bundesminister für wirtschaftliche Zusammenarbeit, Müller, … Der war in Nigeria und der war in mehreren anderen afrikanischen Ländern, der hat gesagt: Wir müssen was dafür tun, dass Menschen, hier, also dort in Afrika, Lebensmöglichkeiten haben. Hätte ich von einem CSU-Minister, der das zunächst gar nicht wollte, nicht erwartet. Er hat sich die Realität angeguckt und ist da zu Schlüssen gekommen und hat das offen gesagt. Ich finde, all die Sätze sollte man öfter mal wiederholen in den Medien, was dieser Minister, nachdem er gesehen hat, was in Afrika los ist, gesagt hat. Eine Gesellschaft ohne eine Idee hat keine Zukunft. Und diese Gesellschaft hat keine andere Idee als das Mehr. Wir und Mehr.

Uwe: Richtig, ich, ich, ich.

Friedrich: Mir woll'n mehr. Mir woll'n mehr. Mir woll'n mehr.

Uwe: Und auf der anderen Seite für mich, ich habe auch lange drüber nachgedacht, ich will jetzt nicht sagen, dass ich es weiß, ich weiß gar nichts. Aber eine Barmherzigkeit, die uns hier vorgegaukelt wird, ja, lasst die Flüchtlinge rein, ist Heuchelei. Denn es war niemand da, der die hätte aufhalten können. Und außerdem haben wir sie töten wollen mit unseren Waffen. Da kann ich nicht sagen, wenn ich jemanden töten will, das wäre dann Barmherzigkeit. Denn ich habe sie nicht alle erschießen können, dann ist es für mich Heuchelei und eben nicht Barmherzigkeit. Und das hätte sie mal eher, die ist ja nicht bekloppt, die weiß das ja. Und dass sie so tun, als würde das niemand merken, das ist hier jeden Tag Kaisers neue Kleider. Und da waren wir, also das behaupte ich felsenfest, da waren wir schon mal weiter.

Friedrich: Ja, die Welt fängt immer wieder neu an, ich hoffe, dass die nächste Generation nicht alles wegwirft, was aus der Vergangenheit an Unabgegoltenem liegen geblieben ist. Ich will gern mit einem schönen Luther-Satz schließen …

Uwe: Ja?

Friedrich: … der deutlich macht, wie das Leibliche und das Geistige eng zusammen gehören. Hat er gesagt: Iss, was gar ist, trink, was klar ist, sag, was wahr ist! Du musst auch zu trinken haben, du musst auch zu essen haben und du musst auf der Suche nach dem bleiben, was wahr und wahrhaftig ist.

Uwe: Da hat die Oma zu mir gesagt, Uwe, das Einzige, woran ich noch glaube, ist, dass ein Pfund Rindfleisch eine gute Brühe gibt. Hat die wirklich gesagt. Hat die gesagt.

Friedrich: Aha.

Uwe: Aus Übigau, Dresden-Übigau, zwei Weltkriege erlebt. Und ich sehe die heute noch sitzen auf ihrem Küchenstuhl und ich habe gesagt: Omi, glaubst du an Gott? Ich war vielleicht 12 oder so. Die hat überlegt, kurz, hat mich angeguckt, hat tief Luft geholt und hat gesagt, Uwe, das Einzige, woran ich noch glaube ist, das Pfund Rindfleisch, aber das ist im Endeffekt keine schlechte Übersetzung. Das ist fassbar.

Friedrich: Ja, ich denke, man sollte so was auch nicht kritisieren, denn also eine wunderbare Rinderbrühe …

Uwe: Da ist Gott drinne, als Auge.

Friedrich: Ja, wunderbar, ja klar.

Uwe: Luther hat auch viel gelacht, da war auch Witz, das ist gut.

Friedrich: Aber man kann es nicht auf Rinderbrühe reduzieren.

Uwe: Nein. Aber ein schönes Fettauge..

Friedrich: Naja, naja … oder eben ein gefüllter, mit Kartoffelbrei gefüllter Teller zum Geburtstag.

Uwe: 16. Mai. Dabei bleibt's. Danke!

Friedrich: Danke auch!

Uwe: Herrlich, war schön … Und immer, wenn man sich nicht vorbereitet, ich habe mich so vorbereitet, und du sprichst ja auch! Gibt ja Leute, die sind maulfaul.

Friedrich: Naja, ich quassele auch viel, jaja. Das hast' jetzt nicht gesagt, aber auch gedacht.

Uwe: Nee, das habe ich nicht gedacht.

THESE 99

Luther würde Wartburg fahren

»Für meine Deutschen bin ich geboren, ihnen will ich dienen.«

Martin Luther

Von seinem Leben im Überfluss durch eine schwere Darmträgheit gekennzeichnet, Junker Jörg nahm beständig an Gewicht zu, suchte sich der Vogelfreie, er war mit der Reichsacht geschlagen, eine Aufgabe. Martin Luther übersetzte die Bibel aus dem Altgriechischen ins Deutsche. Dies war nicht nur ein Wagnis, tappte er doch buchstäblich im Dunkeln. Nein, das ganze Unternehmen war eine Feuertaufe gegen den großen Unbekannten … Er, Martin, musste mehr als einmal die Zähne zusammenbeißen, erschien ihm das Buch der Bücher doch oft als ein Buch mit sieben Siegeln. Doch mit seinem Gott war er immer ein Herz und eine Seele. Oft plagten ihn Gewissensbisse, ihn, das Lästermaul, und er warf, wenn ihn der Teufel wieder zu arg ritt, mit dem Tintenfass nach dem selbigen. So entstand der Schandfleck an der Wand im Übersetzerstübchen auf der Wartburg. Die Bibelübersetzung ist ein einziges Machtwort wider die Selbstverleugnung. Friedfertig ging es zu gegen Luzifer, den alten Bluthund, auch das ist eine Leistung ersten Grades. Luther selbst bot sich dem Lockvogel an. Er hat ihn nicht bekommen. Der Glaube versetzt Berge – und in knapp 11 Wochen war das Werk getan. Das Wort bekam wieder Gewicht. So wurde deutsch zur Sprache des Volkes. Im Text sind 15 von Luther erfundene Worte und Zitate versteckt. Hast Du Lust, lieber Leser, so finde sie. Hast Du keine Lust, so lass es. Danke fürs Lesen.

Nun eine Rätselfrage: Welches der drei Zitate stammt nicht von Martin Luther?

Ein Herz und eine Seele
Das Buch mit den sieben Siegeln
Kein Getue, kein Gemache

Übrigens wurde die Martinsgans nicht nach Luther benannt, obwohl er diese auch gern aß.

Mir san Mir

Die Dampflok, die Anfang der 50er-Jahre durch die DDR stampfte, und auf der stand: »Die Heimat lieben, Atombombe ächten, den Frieden erzwingen«, wo ist diese Lokomotive, sie muss dringend wieder auf die Gleise gesetzt werden und durch unser Land brausen. »Friede ist nicht nur das Gegenteil von Krieg, nicht nur der Zeitraum zwischen zwei Kriegen – Friede ist mehr. Friede ist das Gesetz menschlichen Lebens. Friede ist dann, wenn wir gerecht handeln und wenn zwischen jedem einzelnen Menschen und jedem Volk Gerechtigkeit herrscht«, sagt ein indianischer Spruch (IS). Was antworten die Vereinigten Staaten von Amerika auf die Stammeshäuptlinge der Mohawk (auch der Dakota, Apachen und Irokesen)? »Selbst schuld, sich hier breit zu machen, bevor wir da waren.« How, sprach der Weiße, nicht der weise Mann. Weshalb siegt immer das Gesetz des Stärkeren? Weil die Macht keine Vernunft kennt, hat die Vernunft keine Macht. So sucht man gerade wieder nach einem Friedensnobelpreiskandidaten, vergesst Merkel, Putin oder Erdogan. Aus den USA kommt das Erstschlagsrecht, Verzeihung: Zuschlagsrecht, Entschuldigung: Vorschlagsrecht. Die Amerikaner haben alle Rechte. Kein Scherz. Neuer Friedensnobelpreisträger wird das Mittelmeer. Weil es die meisten Flüchtlinge aufgenommen hat. Wie sagte schon der andere Esel Martin (Kurt Tucholsky, richtig): »Im übrigen gilt ja hier derjenige, der auf den Schmutz *hinweist*, für viel *gefährlicher* als der, der den Schmutz macht.« Und deshalb gilt: Würden Wahlen etwas verändern, sie wären längst verboten. Mein Luther heißt Müntzer. Der sagte lange vor Tucholsky sinngemäß, dass sich der einfache Mensch auch nicht an die Gesetze halten muss, an die sich die Obrigkeit nicht hält. Auch dafür hat man Müntzer am 27. Mai 1525 in Mühlhausen aufs Rad geflochten und anschließend dem Henker übergeben. Ja, die einen wanzen sich ran an die Stellvertreter Gottes, die anderen suchen ihr Heil in der Apokalypse. Wir feiern 2017 500 Jahre Luther, Reformation, Protestantismus. Fragen Sie mal Jugendliche (auch Christen) nach Thomas Müntzer. Nie gehört! Wer soll das sein? Ein Geldhändler? Mitnichten. Er war es, der zu Allstedt als erster in der Sprache des Volkes predigte. Deutsch. Müntzer, nicht Luther. Die Stadt Mühlhausen führte fünfzehn Jahre den Zusatz Thomas Müntzer-Stadt. Die neuen Stellvertreter Gottes (diesmal aus der BRD kommend), diese geistigen Falschmüntzer ließen den Zusatz wegfallen, mit der Begründung des inflationären Missbrauches der Lehren Thomas Müntzers durch die SED. Wie gefährlich kann jemand sein, obwohl er schon 500 Jahre tot ist? Und was ist mit Mohammed? Alles wird immer in einen Topf geschmissen. Wozu denken, wenn doch jetzt schon die

Apokalypse herrscht? Wirtschaft und Geld und die damit verbundene Macht sind heute Gott. Muttersprache, Gefühl für die eigene Sprache? Müssen getilgt werden, da sie ein Zugang zum Herzen sein könnten. Sprachbesatzer Großbritannien und USA bemächtigen sich des Schlüssels zum Herzen. Wer aber Deutsch nicht liebt, findet keinen Zugang zur Gemeinschaft. Ich habe ein Beispiel. Unser kleines Fernsehkollektiv machte Rast in der Nähe der Lessingstadt Kamenz. (Merken Sie was? Der Zusatz Lessingstadt hat Bestand.) In einem Mac-Laden wollten wir eine Bohne ziehen, wie man heute neudeutsch flötet. Die junge Dame Servicemitarbeiterin, ein junges Mädchen eher, trug auf ihrem Oberarm den Schriftzug »Lessing«. Sie lesen richtig, die Kaffeeausschenkerin hatte sich »Lessing« stechen lassen. Ich sprach sie auch sofort darauf an und flötete ihr zu, dass ich es cool finde, wie die Jugend mit unserem Erbe umgeht, auch, dass ich begeistert bin, ein niveauvoll tätowiertes »Lessing« auf ihrem Oberarm zu sehen. »Was soll denn das sein, Lessing? Sie können wohl nicht lesen?« Gequält nölte sie zurück. »Da steht nicht Lessing, sondern Blessing!« Ich entschuldigte mich sofort: »Oh, da habe ich es falsch gelesen. Aber sagen Sie bitte, was heißt dann aber »Blessing«? »Irgendetwas aus der Bibel«, kam die Antwort. Auf meine erneute Nachfrage, was genau die Bedeutung sei, schob sie noch ein »hab ich vergessen« ihrerseits hinterher. Armes Deutschland. Bleibt mir nur zu sagen: »Gott segne Lessing.« Zur vollständigen Untermauerung meiner These, dass derjenige, der ein Land dauerhaft besetzen will, sich der Landessprache bemächtigen, sie tilgen muss, wo immer es geht. Stifte Verwirrung! Den Rest erledigen die Ranwanzer und Opportunisten. Achtung! Staunen Se bitte jetzt! Im Schaufenster eines Sportmodenoutfitshops stand geschrieben: Outdoorjacken für draußen. So lernt der Syrer nie Deutsch. Und wir verblöden am offenen Hirn.

Meine These sowieso: »Herr, lass mich hungrig werden.«

Budinbulwer

In Zeiten der Propaganda, mittlerweile scheint alles möglich, hetzt man die Völker wieder aufeinander, nur noch zwei bis drei Jahre und dann ist Moskau der Auslöser des 3. Weltkrieges und gewinnen wird ihn eh Deutschland. Verzeihung: Großdeutschland. Kürzlich wurde bekannt, dass Dr. Oetker in die Raumfahrt investiert. Punkt. Beschlossene Sache. Nicht in irgendeine, eine, die womöglich noch nie in den Mond geguckt hat, nein, Dr. Oetker steigt in die russische Raumfahrt ein. Wer fragt hier nach dem Warum? Es geht um Marktanteile. Puddingpulver wird umbenannt in Putinpulver. DAS ist Werbung! Auf unserer sächsischen Erdumlaufbahn, hier auch genannt: Elybbse, gibt es keinen großen Unterschied zwischen Putin und Puddingpulver. Alles klingt gleich, ungefähr eben Budinbulwer. Klingt alles von der Konsistenz her schön weech, ehmd auf hochdeutsch weich und wackelig.

Apropos: Auf dem Rückweg von den Dreharbeiten zu »Steimles Welt«, unser Warti erreichte schon die Peripherie Dresdens, genauer den malerischen Ort Schullwitz, dessen Einwohner nennen ihren Wohnort liebevoll Sankt Urin, jedenfalls ebenda wurden wir angesprochen. Das passiert inzwischen regelmäßig, natürlich immer dann, wenn wir nicht damit rechnen. »Ach, ihr dreht wo hier übern Budin, nu der war doch immer in der Kneipe saufen zu DDR-Zeiten, in der Gaststätte am Triebenberg.« So ist der Sachse, selbstauskunftsfreudig, aber immer mit dem Ziel zu erfahren, was der Fremde vorhat. Wir waren aufgeklärt. Eine geschichtsträchtige Gaststätte an einem Berg im Schönfelder Hochland, in der schon damals Putin sein Unwesen trieb, daher wohl der Name Triebenberg. Als ich später die Wirtin des Lokals fragte, wie es denn so war zu DDR-Zeiten und überhaupt, wie es denn mit Putin war, diesem Lokalpatrioten, antwortete sie in feinstem Sächsisch: »Nuja, wie war er«, und jetzt spürte ich förmlich, wie sie um das richtige Wort rang, damit nichts Verdächtiges oder Falsches ihrem Mund entfuhr.

Klug und philosophisch, sich in die neue Zeit fügend, antwortete die Vertreterin meines heißgeliebten Sachsenvolkes: »Tja, wie war es damals mit Putin, das war ja damals noch ni DER Putin, das war ehmd e Russe«, entschuldigte sich, denn das Zigeunerschnitzel rief aus der Küche und wollte nicht verbrennen. Frau Wirtin zeigte auf den Bäckerladen nebenan: »Dort hat der Putin immer Schweinsohren geholt, nene der Putin hat nicht viel getrunken, aber die schnurbslichen Schweinsohren, für die war er zu haben unser russisches Süßmaul«.

Hiermit lüfteten wir also am 1.7.2016, was Putin gerne zum Nachtisch verschnabulierte. Deshalb verkauft der Bäcker in Schullwitz seit dieser Zeit Schweinsohren, wie sie Putin gern mag (ohne Budin) Und auch Dr. Oetker sei Dank, es hängt eben alles mit allem zusammen.

Gestatten: Martin!

Ein Esel packt aus

Ein Gespräch mit Martin Sancho Güldenberg, Vorsitzender der DEGW

Wer hier eigentlich der Esel ist, lässt sich nicht genau feststellen: Martin Luther, der geniale Wortschöpfer und revolutionäre Reformator, Uwe Steimle, der zornige Kabarettist und kluge Schauspieler, oder Martin Sancho Güldenberg, der langohrige Esel und genaue Beobachter der Zeitgeschichte. Über Luther und Steimle wurde in letzter Zeit wahrlich schon genug gesprochen. Also haben wir unseren Reporter Enno Beständig auf die Reise nach Eisenach geschickt, um dem Vorsitzenden der DEGW (Deutsche Esel Gewerkschaft) einen Besuch abzustatten. Sie trafen sich im »Gasthaus am Storchenturm«, einem der ältesten Häuser der thüringischen Lutherstadt, zu einem kleinen Gespräch.

Herr Güldenberg, ich freue mich sehr, dass Sie Zeit gefunden haben.

IA!

Kommen wir gleich zur Sache. Die DEGW fordert im Hinblick auf das Reformationsjahr 2017 eine größere

Aufmerksamkeit und Wertschätzung gegenüber allen Eseln? Ist das nicht ein bisschen Großmaulerei? Was haben *Sie* denn mit Luther zu tun?

Wissen Sie, Herr Beständig, diese Frage beleidigt mich ein wenig. Normalerweise müsste ich unser Gespräch an dieser Stelle sofort beenden. Aber ich bin halt ein Esel und betrachte Ihre Unkenntnis als einen Spiegel unserer heutigen Zeit. Schauen Sie sich doch um. Was sehen Sie? Gesichts- und geschichtslose Menschen, die sich einbilden, etwas Besseres zu sein. Ihr erhebt Euch über Gott und die Welt und glaubt, Ihr könntet mit Eurem erbärmlichen Gewinsel, Gezauder und Getätere den Lauf der Zeit beeinflussen. Welch großer Irrtum! Ihr fühlt Euch wie Könige und bemerkt gar nicht, wie der Thron, auf dem Ihr sitzt, nur noch drei Beine hat. Das macht mir in der Tat Angst! Große Angst!

Entschuldigung … äh … könnten Sie vielleicht trotzdem … weil unsere Leser … gerne wissen wollen …

Schon gut, schon gut. So störrisch bin ich ja gar nicht. Wissen Sie, es geht uns Eseln einfach darum, unseren Platz in der Geschichte lautstark einzufordern. Uns etwas mehr Gehör zu verschaffen. Im Zuge der Vorbereitung des Reformationsjahres kommen ja nun Krethi und Plethi auf den Plan und behaupten, sie hätten in irgendeiner Weise das Hoheitsrecht über die Deutung von Luther. Das ist für uns als Zeitzeugen einfach unerträglich und macht uns ein wenig traurig.

Habe ich das jetzt richtig verstanden: Sie behaupten, Sie wären damals vor 500 Jahren dabei gewesen?

Junger Freund, das ist keine Behauptung, sondern eine Tatsache. Lassen Sie uns doch die Rolle des Esels in der Geschichte etwas näher betrachten.
Als Jesus im Triumphzug in Jerusalem einzog, wer hat ihn getragen? Na?

Ein Esel?!

Korrekt. Weil, es ging uns in diesen Zeiten darum, ein Bild zu schaffen, das sich in die Herzen der Menschen einbrennt. Zu Euch kommt ein König, der sich nicht über Euch erhebt. Ein Bettelkönig. Und da waren wir zur Stelle. Wir, die Unpaarhufer. Denn wer auf einem Esel reitet, verzichtet auf Macht und Gewalt. Das ging damals nicht ohne Streit ab. Die Paarhufer gingen gegen unseren Vorschlag auf die Barrikaden. Die Dromedare, die Schweine, die Gazellen, ja selbst die Nilpferde und wie sie alle heißen, forderten verhement, dass ihnen diese Rolle zuteil würde, ja im Endeffekt sogar zustünde. Dazu muss ich allerdings sagen, dass die Paarhufer schon immer glaubten, etwas Besseres zu sein. Wir diskutierten nächtelang. Zum Schluss jedoch fiel die Entscheidung zwischen den Pferden und uns Eseln relativ klar aus. Und ja, ich bin froh darüber, dass wir mit unserer stoischen Ruhe das bessere Ende für uns hatten. Die Geschichte hat uns Recht gegeben. Denn der Esel war noch nie ein Herrentier. Er war immer ein Tier der Arbeiter und Bauern.

Auch im Arbeiter- und Bauernstaat DDR?

Nun, darüber möchte ich jetzt gar nicht lange reden. Vielleicht nur soviel: In diesem gut gedachten Staat waren zu viele Könige Esel.

Martin Sancho Güldenberg nippt an seiner Apfelschorle.

Und wie war das jetzt mit Luther?

Es war Anfang März 1522. Die Wartburg war ein zerfallenes Gemäuer. Der Sachse würde sagen, eine heruntergekommene Hornzsche. Ich war damals in Diensten des Burghauptmanns Hans von Berlepsch.

Sie persönlich?

Natürlich, junger Mann. Glauben Sie, ich erzähle Ihnen hier etwas vom Pferd?

Nein, natürlich nicht!

… also. Berlepsch kam eines Tages zu mir und bat mich in geheimer Mission, einen gewissen Junker Jörg nach Wittenberg zu bringen. Ich kannte ihn nicht. Aber ich sollte ihn kennenlernen. Und vor allen Dingen spüren. Mein Kreuz tut mir heute noch weh, wenn ich an ihn denke. Denn Junker Jörg war eine sehr korpulente Gestalt. Er setzte sich mit seinem fetten Gesäß auf meinen Rücken und furzte in einer Tour. Unangenehm, kann ich Ihnen sagen. Und doch war diese Reise, im Nachhinein, eine der unbeschwertesten, die ich je erlebte. Ja, sie war fast beglückend. Denn der Junker hatte ein Manuskript dabei. Er blätterte ständig darin herum. Sprach leise

vor sich hin. Brüllte und säuselte. Grübelte, deklamierte, wiederholte. In einem Augenblick war er davon überzeugt, dass dieses Buch die Welt verändern würde. Im anderen war er voller Zweifel, ob diese Zeilen diesem Anspruch gerecht werden. Er war sich nicht sicher, ob diese Bibel, wie er das Buch nannte, quasi auch der letzte Esel versteht. Ich räusperte mich höflich und bat ihn, mir daraus vorzulesen. »Machen wir doch die Probe aufs Exempel«, sagte ich zu ihm. Und so geschah es.

Sie meinen …

Ich war quasi der Erste, dem die neue Übersetzung der Bibel zuteil wurde.

Und was hatten Sie für einen Eindruck? Bitte erzählen Sie!

Ich war fasziniert. Von der Sprache. Sie war so … lebensnah, volkstümlich, bildgewaltig. Als hätte er dem Esel aufs Maul geschaut. Ich spitzte meine langen Ohren, und immer, wenn ich etwas nicht verstand, ließ ich es mir vom großen Meister erklären. Worte wie Feuertaufe, Bluthund, Selbstverleugnung oder Machtwort, Schandfleck, Lückenbüßer. Diese Worte hatte ich vorher noch nie gehört. Was soll ich sagen, ich war geradezu überwältigt. Auch etwas stolz, denn, wie gesagt, ich war der Erste.

Martin Sancho Güldenberg nippt genüsslich an seiner Apfelschorle.

Das ist ja unglaublich!

Nicht für mich … nicht für mich, junger Mann. Soll ich Ihnen noch ein Geheimnis verraten?

Ja … gerne … unbedingt!

Wir waren schon einige Tage geritten und befanden uns kurz vor Torgau. Da hörte ich den Meister einen Satz sagen, der mich stocken ließ, und ich blieb stehen. Ich bat ihn, diesen Satz noch einmal zu wiederholen. Der Meister tat mir den Gefallen und las: »Ihr sollt das Heilige nicht den Hunden geben und eure Perlen sollt ihr nicht vor die Esel werfen, damit die sie nicht zertreten mit ihren Füßen und sich umwenden und euch zerreißen.« Ich war entsetzt und zutiefst in meiner Eselsehre gekränkt. Diese ewige Diskriminierung der Unpaarhufer, da war sie wieder. Keinen Schritt wollte ich weitergehen und sagte dem Meister, dass die Reise für ihn an dieser Stelle beendet sei.

Und wie reagierte Luther?

Er war zunächst verwundert. Dann stieg er von mir ab und machte sich trotzig auf den Weg – zu Fuß. Just in diesem Augenblick teilte sich der Busch am Wegesrand und eine Wildsau preschte aus dem Wald hervor. Sie verfehlte den Meister nur knapp, besudelte ihn aber von oben bis unten mit Schlamm. Leichenblass kam der Junker zu mir zurück und sprach ganz leise: »Ich habe verstanden.« Er nahm das Manuskript, strich das Wort Esel vor meinen Augen durch und ersetzte es durch das

Martin von links

Martin von rechts

Wort Säue. Innerlich zufrieden brachte ich den Meister unbeschadet nach Wittenberg. Als Dank dafür taufte er mich in der Schlosskirche höchstpersönlich auf den Namen Martin. Der Rest ist, wie Sie wissen, Geschichte.

Bei allem Respekt, Herr Güldenberg, das glaubt Ihnen doch kein Schwein!

Mit Verlaub, lieber Freund, bedenken Sie, damals drehte sich die Sonne noch um die Erde.
Erst 21 Jahre später, Anno 1543, erschien Kopernikus' Abhandlung »Über die Kreisbewegung der Himmelskörper«. Und alle Welt verlachte ihn dafür. Auch mein geliebter Meister. Sein Freund Melanchthon warf ihm gar Geltungssucht vor und Luther selbst erregte sich in einer seiner Tischreden wie folgt: »Als ob jemand, der sich im Wagen oder Schiff bewegt, glauben würde, er bleibe stehen und das Land und die Bäume würden sich bewegen.« Nicht umsonst schrieb mein Freund Goethe: Es irrt der Mensch, solang' er strebt. Wie wahr, wie wahr.

Herr Güldenberg. Lassen Sie mich noch einmal auf die Forderungen der DEGW in jüngster Zeit zurückkommen. Wie begründen Sie Ihren Ruf nach mehr Anerkennung?

Nun, ich muss Ihnen sicherlich nicht erzählen, welch unglaubliche Leistungen wir Esel in den letzten Jahrhunderten vollbracht haben. Nicht umsonst wurden wir besungen, beschrieben und bewundert. Denken Sie nur an Camille Saint-Saens »Wilde Esel«, Shakespeares

»Romeo und Julia«, wo es heißt: ›Es war die Nachtigall und nicht der Esel‹, oder das etwas volkstümliche Lied »Der Kuckuck und der Esel«. Und wenn ich Sie noch auf etwas ausgesprochen Bemerkenswertes hinweisen darf: In der ehemaligen DDR trank man mit Begeisterung Eselsmilch, und das war purer Wein! All das sind Beweise dafür, wie sehr wir uns in der menschlichen Gesellschaft verankert haben. Trotz allem haben wir immer das Gefühl, wir sind nur geduldet; wir werden an den Rand gedrängt; werden belächelt wie eine Minderheit. Und damit muss ein für alle mal Schluss sein! Ich bitte Sie, im 21. Jahrhundert muss es doch wohl für jeden möglich sein, ein eselswertes Leben zu leben. Schlussendlich fordern wir nichts Geringeres als mehr Respekt, bessere Arbeitsbedingungen und Teilhabe am gesellschaftlichen Leben. Wir haben jedenfalls nichts zu verlieren. Wie sagte schon der Esel in den »Bremer Stadtmusikanten« zum Hahn? »Etwas Besseres als den Tod findest du überall.« Denken Sie mal drüber nach!

Martin Sancho Güldenberg kippt den letzten Schluck seiner Apfelschorle hinunter und verlässt den Gasthof.

Für unsere ProtesTanten Angela und Joachim

Sozialistischer Biedermeier

Kurt Bartsch

Zwischen Wand- und Widersprüchen
machen sie es sich bequem.
Links ein Sofa, rechts ein Sofa,
in der Mitte ein Emblem.

Auf der Lippe ein paar Thesen,
Teppiche auch auf dem Klo.
Früher häufig Marx gelesen.
Aber jetzt auch so schon froh.

Denn das »Kapital« trägt Zinsen:
eigenes Auto außen rot.
Einmal in der Woche Linsen.
Dafür Sekt zum Abendbrot.

Und sich noch betroffen fühlen
von Kritik und Ironie.
Immer eine Schippe ziehen,
doch zur Schippe greifen nie.

Immer glauben, nur nicht denken
und das Mäntelchen im Wind.
Wozu noch den Kopf verrenken,
wenn wir für den Frieden sind?

Brüder, seht die rote Fahne
hängt bei uns zur Küche raus.
Außen Sonne, innen Sahne –
nun sieht Marx wie Moritz aus.

THESE 100

Hungrig bleiben im Geist

(frei nach Thomas Müntzer)

Dank

Danke für die große Mithilfe bei der Entstehung dieses Buches: Frau Sylvia Meißner sowie dem Schwärmer und Knecht Gottes – meinem heiß und innig verehrten Thomas Müntzer, dem ich das Buch zu Ehren der wahrhaftigen und noch ausstehenden Reformation widme. ENTWEDER ALLE ODER KEINER!

Uwe Steimle im Oktober im Jahr des Herrrn 2016

Und Dank auch an Friedrich Schorlemmer, meinen Freund Michael Seidel und Thomas Schmitz.

Mit dem Wartburg **auf den Nebenstraßen der Welt**

Auf der Suche nach Bewahrens-Wertem reist Uwe Steimle mit seinem 312er Wartburg durch ganz Mitteldeutschland. Dabei lernt der Kabarettist und Schauspieler auf den Nebenstraßen der Welt auch Menschen und Orte kennen, die ihm von den Fernsehzuschauern ans Herz gelegt wurden. Die Heimat als Weltkulturerbe – das gibt's nur in »Steimles Welt«. Skurril, schräg und liebenswert sind die Menschen, denen er hier ein kleines Denkmal setzt.

Uwe Steimle
STEIMLES WELT
192 Seiten / mit 47 sw-Fotos / gebunden mit Schutzumschlag
ISBN 978-3-579-06599-1
Auch als E-Book erhältlich

GÜTERSLOHER VERLAGSHAUS

www.gtvh.de